KB036562

도시, 다시 살다

오래된 도시를 살리는
창의적인 생각들

도시,
다시
살다

최유진 지음

가나

좋은 도시

"어떤 도시가 좋은 도시일까요?"

머릿속에서는 좋은 도시에 대한 상상이 맴도는데 구체적으로 말하기는 어려운, 참 까다로운 질문이죠.

2년 전 즈음에 동네 주민들과 함께 시민 학습 모임 '마실 공부'를 진행했습니다. 마실 나가듯 가벼운 마음과 옷차림으로 나와서 차 한잔하며 우리 마을의 문제를 고민하고 학습하자는 취지를 가진 모임입니다.

시즌2는 코로나19로 인해 한 번의 특강으로 마무리되었지만, 시즌1은 15명의 시민들이 5회에 걸쳐 학습 모임을 가졌습니다. 먼저 제가 짧게 강의를 하고, 서로 격의 없이 토론하는 형식이었는데요, 시즌1을 마감하는 자리에서 제가 '좋은 도시'에 대한 질문을 던진 것입니다.

참석자마다 좋은 도시에 대한 견해는 조금씩 달랐지만, '다음 세대(next generation)'에 주목해야 한다는 데에는 모두 공감했습니다.

어떤 아이들은 성년이 되면 고향을 떠나고 싶어 하지만, 어떤 아이들은 '언젠가 고향으로 돌아와 평생 살고 싶다'는 꿈을 꿉니다. 대학이 일부 도시에 집중되어 있으니 진학을 위해 고향을 떠나는 것은 막을 수 없겠죠. 하지만 결국에는 고향에 돌아와 삶을 일구는 것이 보편적인 모습이 되었으면 좋겠다는 데에 생각을 같이 했습니다.

저 역시 제 아이를 포함해 우리 동네 청소년들이 청년이 되어 돌아오는 도시를 꿈꿉니다. '다음 세대'가 돌아오고 싶어 하는 도시. 이것만큼 가슴 뛰는 상상은 없을 겁니다.

그렇다면 아이들이 돌아오는 도시를 위해 무엇을 해야 할까요? 당연히 이어서 던져야 하는 질문입니다.

세 가지를 제안하고 싶어요. 이것은 제가 이 책을 통해 전하고자 하는 메시지이기도 합니다.

가장 먼저 우리는 공동체를 살려야 합니다.

최근의 우리 사회를 규정하는 몇 가지 키워드가 있죠. 코로나19 팬데믹, 기후위기, 빈곤과 불평등…. 모두 부정적인 의미가 담겨 있고, 우리의 마음을 우울하고 의기소침하게 만드는 단어입니다. 벼랑 끝에 선 현대 사회이지만, 위기의 탈출을 '공동체의 회복'에서 찾으려는 움직임이 보입니다. 거대한 해일처럼 우리를 덮치지는 않아도 잔잔하게 우리 삶에 스며들고 있죠. 서점가에서도 연대를 통해 위기를 극복하자는 책을 쉽게 발견할 수 있습니다.《대전환이 온다》,《선망국의 시간》,《도시는 어떻게 삶을 바꾸는가》* 등이 매우 좋은 예입니다.

공동체의 회복과 시민의 연대는 지역사회의 리질리언스(resilience, 회복력)와 매우 깊은 연관이 있습니다. 위기의 순간, 공동체는 엄청난 회복력으로 시민의 삶을 일으킬 겁니다. 안전한 연대의 그물로 우리의 아이들을 지켜야 합니다. 독일의 사회학자 막스 베버(Max Weber)는 유작인《The City》에서 시민의 삶을 안전하게 지키지 못하는 곳은 도시가 아니라고 단언합니다. 당시에는 칼과 방패로 지켰겠지만,

---

* 《대전환이 온다》 더글라스 러시코프, RHK, 2021
  《선망국의 시간》 조한혜정, 사이행성, 2018
  《도시는 어떻게 삶을 바꾸는가》 에릭 클라이넨버그 , 웅진지식하우스, 2019

지금은 공동체의 리질리언스로 시민의 삶을 지켜내야 합니다. 공동체의 회복은 '다음 세대'가 우리의 도시로 돌아오는 최소한의 조건입니다.

다음으로 우리는 공간을 살려야 합니다.

도시는 '공간의 집합체'입니다. 그동안 구도심, 신도심 할 것 없이 수많은 공간이 만들어져 주인을 찾았고, 다양한 기능을 부여받았습니다.

그런데 생각해보세요. 헤아리기도 힘들 만큼 많은 건물과 장소 중에 여러분을 위한 공간이 얼마나 되나요? 또 그중에 '다음 세대'를 위한 공간은 얼마나 되나요? 고향을 떠나려고만 한다고 청소년과 청년을 타박하기 전에 기성세대가 만든 공간들을 찬찬히 관찰해 보시길 권합니다.

어떤 도시에 가보니, 세금을 들여 만든 청소년과 청년을 위한 공유 공간이 버스 정류장에서 걸어서 20분이나 되는 외곽에 들어서 있었습니다. 가는 길에는 CCTV 하나 설치되어 있지 않고, 심지어 지도에도 정확히 표시되지 않아, 이곳을 이용하라는 것인지 말라는 것인지 헷갈릴 지경이더군요.

세계적인 도시개발협회인 어반 랜드 인스티튜트(ULI,

Urban Land Institute)는 단언합니다. '공공 소유의 공간만 주민에게 제대로 돌려줘도 도시의 회복이 가능하다'고요. 시민이 잘 활용하던 회관이나 센터를 '확장 이전' 한다는 명목으로 외곽으로 내몰거나 비싼 임대료를 받으며 문턱을 높여 놓는다면, 이는 '공유지의 약탈'에 지나지 않습니다. 시민의 것을 공무원이 빼앗은 것이죠. 이런 도시로는 절대로 '다음 세대'가 돌아오지 않습니다.

마지막으로 우리는 도시의 새 콘텐츠를 기획해야 합니다.

공동체가 회복되고, 주민에게 공간이 주어지면, 이제는 이 도시에서 무엇을 할 것인지를 정해야겠죠. 지금 우리에게 필요한 콘텐츠는 이전에는 없던 것이어야 합니다. 우리 앞에 놓인 문제가 이전에는 없던 완전히 새로운 것이니까요.

지금 우리에게 필요한 도시의 콘텐츠는 무엇일까요? 저는 '가치'라고 생각합니다. 도시가 사회적 가치가 충만한 공간이 되면 돌아오고 싶은 곳이 될 것입니다.

'사회적 가치'는 너무 멀고 어려운 이야기라고 생각할 수도 있어요. 비영리 단체의 활동가나 큰 뜻을 품은 독지가들이나 추구할 수 있는 거라고 말이죠. 그런데 어쩌면 여러분은 이미 사회적 가치를 창출하는 일원일 수도 있습니다.

혹시 '돈쭐내기'에 동참해보신 적 있나요? 요즘 청년들 사이에서 '돈으로 혼쭐 내준다'는 의미의 '돈쭐'이 사회 현상으로 번지고 있더군요. 어려운 사람을 돕기 위해 나선 작은 가게 사장님들의 이야기에 감동을 받고, 그런 가게는 망하면 안 된다며 몰려가 적극적으로 상품을 소비하는 행위인데요, 저는 이 모습을 통해 도시가 '사회적 가치'로 충만한 곳이 될 수 있겠다는 희망을 보았습니다.

우리는 그동안 자신의 이익을 최대로 높이기 위해 경제적으로(이기적으로) 행동해야 한다고 배워왔어요. 실제로 대부분의 사람들이 그렇게 살고 있고요. 하지만 인간은 누구나 호혜적(reciprocal)인 면을 가지고 있습니다. 공동체의 가치를 위해 약간의 경제적인 손해를 감수하는 이런 마음이 바로 '사회적 가치'입니다. 작은 가게 사장님도, '돈쭐' 낸 우리도 모두 사회적 가치를 만들고 있는 것이지요. 내가 옳다고 생각하는 이 가치를 가까운 친구에게, 이웃에, 공동체에 알려 확산시킨다면 당신은 이미 사회적 가치를 만드는 사람이 된 것입니다.

도시는 사회적 가치에 더 많은 투자를 해야 합니다. 가치가 살아난 도시로 우리의 '다음 세대'는 기꺼이 향할 테니까요.

이러한 메시지를 담아 책을 3장으로 구성했습니다.

1장의 주제는 '공동체'입니다. 공동체의 중요성을 선언하는 '공동체가 살아나면: 아미시 이야기'로 문을 열고, "왜 우리의 공동체는 파괴되었는가?"에 대한 질문에 답하기 위해 '오염'과 '산업의 전환' 그리고 '도시 개발'을 차례대로 다룹니다. 공동체가 파괴된 도시의 모습을 보면 암울함이 느껴집니다. 그래도 각 이야기 속에는 공동체를 살리기 위한 고민과 희망적인 생각을 담았습니다. 제 생각에 여러분의 생각을 얹는다면, 더욱 뜻깊은 책 읽기가 되지 않을까 합니다.

2장의 주제는 '공간'입니다. 공간을 살리고 살린 공간은 주민에게 돌려줘야 합니다. 쇠락한 공간 역시 주민들의 차지가 되어야 합니다. 쇠락한 공간을 주민에게 돌려주는 탁월한 방법 2가지가 있습니다. 가장 좋은 방법은 건물을 모두 부수고, 나무를 심는 겁니다. 식목일을 공휴일로 다시 지정해야 하지 않을까 싶을 정도로 많은 나무가 도시에 필요하기 때문이죠. 이것은 기후위기 시대, 생태 전환의 시대를 살아내기 위한 제안이기도 합니다. 다음으로 좋은 옵션은 주민에게 공간을 돌려주는 것입니다. 다시 한번 강조하지만, 공공 공간이 많이 조성되어야 하고, 이들의 주인은 주민이어야 합니다. 2장에는 주민이 주인이 되어 운영되는 좋은 공간들의 사례를 담았습니다.

3장의 주제는 '콘텐츠'입니다. 도시에 필요한 진짜 콘텐츠인 다양한 사회적 가치에 대해 이야기 하고 있습니다. 도시의 기획자 역할을 하는 동네 책방, 역사적 가치를 찾아 떠나는 군산 여행, 두레 피디와 함께하는 일상 속 즐거운 여행, 로컬 푸드와 소셜 믹스까지 가치 충만한 이야기가 여러분을 기다리고 있습니다.

마지막 이야기로 '사회 주택과 소셜 믹스'를 택한 이유는 현대 사회의 관심을 반영했기 때문입니다. 집은 거래를 위한 곳이 아니라, 사람을 위한 곳으로 재정의되어야만 합니다.

자, 지금부터 '좋은 도시'를 위한 본격적인 여정을 시작합니다. 이 책을 펼친 독자 여러분께 동행을 청합니다.

평생 살고 싶은 도시 안성의 동네 책방 다즐링북스에서 씁니다
도시학자 최유진

차 례

2장. 공간, 다시 살다

3장. 콘텐츠, 다시 살아나다

1장.

공동체, 다시 살다

공동체가 살아나면

아미시 이야기

빨간 사슴 고기와 아미시(the Amish)

미국 오하이오 주 클리블랜드 서쪽의 작은 도시 웨스트레이크(Westlake)에는 '크로커 파크(Crocker Park)'라는 유명한 쇼핑몰이 있다. 남쪽 인접 도시인 스트롱스빌에 위치한 '사우스 파크 몰'과 동쪽 인접 도시인 비치우드에 위치한 '비치우드 플레이스 몰'은 유명 백화점 서너 개가 하나의 실내 공간에 들어선 큰 백화점 같은 쇼핑몰이라면, 크로커 파크는 2층짜리 낮은 건물이 이어진 하나의 마을 같은 쇼핑몰이다. 1층에는 다양한 물건을 판매하는 가게가 입점해 있고, 2층은 주거 공간으로 사용되는 곳이다. 이곳에 가면 쇼핑몰에와 있다는 느낌보다는 미국 마을을 방문한 것 같은 느낌 혹은 소풍을 나온 느낌이 들어 좋았다.

유학 생활은 따분 그 자체였다. 러스트 벨트 정중앙에 위치한 공업도시인 클리블랜드는 유학생에게 괜찮은 즐길 거리를 제공하는 도시는 아니었다. 학교에서 야간 수업을 마치면, 경찰의 에스코트를 받고 집에 가야 할 정도로 위험한 곳이 클리블랜드 다운타운이다. 그나마 힘든 유학 생활 중 누리는 호사는 클리블랜드 바깥 소도시에 위치한 쇼핑몰의 푸드 코트에서 밥을 먹고 오는 정도였다.

유학 생활을 시작하고 약 6개월이 지난 즈음, 아내가 휴가를 내고 클리블랜드에 방문한 적이 있었다. 유학으로 인한 생이별 후 첫 만남이었던 것으로 기억한다. 아내를 위해 클리블랜드에서의 스케줄을 끊임없이 고민했지만 영 마음에 들지는 않았다. 그나마 자신감을 가지고 방문 목록에 올린 곳이 바로 크로커 파크였다.

개장 시간에 맞춰 쇼핑몰에 도착해 안으로 들어서는데 평소와는 다른 풍경이 눈에 들어왔다. 마치 중세시대 유럽의 마을에서 시간여행으로 오하이오주 웨스트 레이크에 도착한 것 같은 한 무리의 사람이 있었다. 순간 현실 감각을 잃을 정도로 눈 앞에 펼쳐진 풍경은 기묘했다.

중세 유럽인의 옷차림에 마차를 이끄는 말이 보이고, 사슴도 한 마리 보였다. 영어 구사에 자신이 없을 때라 나는 이들을 외면하고 싶었으나, 아내는 내 손을 잡아끌었다. 이런 신

아미시 공동체가 생활하는 모습.
근본주의부터 세속주의에 이르기까지
아미시도 개인의 성향에 따라
다양한 가치관을 소유하고 있지만,
대체로 이들은 현대 문물을 거부하고
집단생활을 하고 있다.

기한 광경을 놓칠 수 없다는 듯이.

가까이 다가가니 그들은 벼룩시장을 열고 있었다. 핸드메이드 벌꿀과 직접 재배한 각종 채소가 눈에 띄었고, 고기 익는 냄새도 났다. 몇몇 채소는 생전 처음 본 종류였고, 구워지고 있는 고기는 빨간 사슴의 안심이었다. 그들이 판매하고 있던 상품을 보며 내 현실 감각은 더 미궁으로 빠져들었다.

필요한 것 있냐는 물음에 정신이 들었다. 난 대답했다. 그냥 둘러보고 있노라고. 굳이 묻지도 않았는데, 필요한 것 있냐는 물음을 던진, 마치 중세 수녀 의상을 입은 듯한, 한 여성이 이렇게 말했다.

"우리는 아미시(Amish)랍니다!"

무엇을 사면 좋을까 고민하다가 빨간 사슴 고기에 눈이 갔다. 늘 배고픈 유학 시절이어서 고기가 간절했고 고소한 냄새가 식욕을 자극했다. 시식을 권하기에 맛을 보았는데, 아주 살짝 이질적인 향이 나긴 했지만, 소고기와 별다른 차이를 느끼지 못할 정도로 맛있었다.

아미시 공동체

나의 지도 교수님이셨던 사이먼스 교수님은 항상 휘파람과 함께 나타났다. 휘파람 소리의 크기와 교수님과 나의 거리는 반비례했다. 커지는 휘파람 소리는 곧 교수님께서 연구실에 나타나심을 의미했다. 영어로 말하는 것이 너무 어려웠던 미국 유학 생활 초반, 사이먼스 교수님의 휘파람 소리는 내게 큰 긴장감을 줬다.

교수님은 내 영어 구사 능력이 빨리 향상될 수 있도록 도우려는 목적으로 월요일 아침마다 나를 연구실로 부르셨다. 월요일 오전 미팅에서는 대부분 '주말에 무슨 일을 하며 지냈는지'와 같은 담소가 오갔다. 가벼운 이야기를 주고받는 시간이었지만 나는 매우 긴장할 수밖에 없었다. 유학생에게 주말마다 별다른 일이 생길 리가 없었기에 마치 수업 시간에 발표를 준비하듯 매주 할 말을 준비해 가야만 했다.

월요일 미팅을 시작한 이래 처음으로 난 이 미팅이 기다려졌다. 토요일 오전에 아미시를 만난 이야기를 교수님에게 해 드리고 싶었기 때문이다. 사이먼스 교수님은 키파(유대인 남자가 쓰는 모자)를 항상 쓰시고 다닐 정도로 원리주의에 가까운 유대인이셨다. 따라서 난 아미시에 관한 교수님과의 대화가 무척이나 흥미진진할 것으로 예상했다. 내 예상은 적중했다. 아미시에 관한 대화는 2시간 넘게 이어져 점심까지 계속되었다. 무슨 이야기가 오갔는지 세세한 내용까지는 기억나지 않지만 종교적 공동체로서의 아미시보다 그들의 경제생활과 사회문화적인 생활에 관해 더 많은 대화를 한 것 같다.

아미시는 종교 박해를 피해 스위스에서 미국으로 이주해 온 재세례파의 후예들이다. 아미시도 원리주의에서부터 세속주의까지 다양한 분파가 있지만, 대체로 공동생활을 하며, 현대 문명의 이익을 받아들이지 않고 1600~1700년대의 생활 방식을 고수한다. 소수 공동체를 구성하여 미국 전역에 거주하지만, 캐나다에도 약간의 아미시가 거주하는 것으로 알려져 있다. 미국에서는 펜실베이니아 주의 아미시 공동체가 가장 크다.

오하이오 주 아미시의 고향은 홈스 카운티(Holmes County)이다. 카운티 전체 인구의 약 40%가 아미시일 만큼, 펜실베이니아 주의 아미시 공동체에 이어 두 번째로 큰 아미시 공동체가 오하이오 주 홈스 카운티에 터를 잡고 있다. 홈스 카운티와 웨스트 레이크가 위치한 쿠야호가 카운티는 자동차로 한 시간 반 정도의 거리에 있다. 구글맵에서 마차를 이용한 도착 소요 시간을 측정할 수는 없지만 예상컨대 마차를 주 교통수단으로 홈스 카운티에서 웨스트 레이크의 크로커 파크까지 오기 위해서는 상당한 시간이 걸릴 것이다. 아미시는 그렇게 먼 길을 찾아와 두 시간 남짓 벼룩시장을 열고 발걸음을 돌렸다.

아미시에게 일어난 비극

아미시 아이들은 공교육 기관에서 교육을 받는 대신 공동체가 자체적으로 만든 학교에서 최소한의 교육을 받고, 이른 나이에 경제적으로 독립한다. 보통 15세 정도까지 교육을 받는데 직업 교육이 주를 이룬다. 굳이 나이에 따라 반을 나누지 않고, 모두 함께 교육을 받는다.

미국 생활을 시작한 지 1년이 거의 되었을 무렵인 2006년 10월, 펜실베이니아 아미시 마을에서 미국 전역을 공포와 분노 그리고 슬픔에 빠져들게 한 충격적인 사건이 벌어졌다. 이 마을에 우유를 배달하던 찰스 로버츠라는 30대 남성이 아미시 학교에서 6~13세 여학생 10명을 인질로 잡고 이들 중 8명에게 총격을 가한 것이다. 두 명은 현장에서 사망했으며, 경찰과의 대치 중 범인은 자살했다. 범인이 자살한 후 총상을 입은 학생은 인근 병원으로 빠르게 후송되었지만, 끝내 세 명은 너무 짧은 생을 마감했다.

아미시를 위하여(For the Amish)

비극이 벌어진 학교의 이름은 '더 웨스트 니켈 마인즈 스쿨(The West Nickel Mines School)'이었다. 비극의 장소가 되어버린 이 학교는 곧 허물어졌다. 아미시 마을뿐만 아니라 미국 전역에는 추모와 애도의 분위기가 이어졌다.

어린 생명을 다섯이나 앗아간 범인에 대한 분노는 끊임없이 불타올랐지만, 아미시 공동체는 조금 다르게 반응했다. 희생된 아이들의 부모를 중심으로 '분노'보다 '용서'라는 단어가 훨씬 더 많이 언급되기 시작했으며, 이는 곧 이웃에서 이웃으로 그리고 미디어를 통해 옮겨졌다. 이 특이한 공동체는 연결의 힘으로 비극에서 조금씩 회복하기 시작했다.

　진짜 이야기는 지금부터다.

　희생된 학생에 대한 추모 열기는 서서히 가라앉았고 일상
은 다시 회복되었다. 쏟아지는 연구 프로젝트와 수업 과제
로 나의 일상은 그야말로 매일이 난장판이었다. 그러던 어느

비극이 벌어진 학교의 전경.
폴리스 라인이 이 곳의 참상을
묘사하는 것 같다. 이 학교는 곧
철거되었다. ©pennlive.com

날, 사이먼스 교수님이 드라이브를 가자고 하셨다. 교수님의 오래된 차를 타고 도착한 곳은 웨스트 레이크의 한 학교였다. 주차장에 도착하니 적지 않은 차가 이미 주차되어 있었다. 행사가 있는 모양이었다.

우리는 웨스트 레이크 주민이 아니었기에 따로 마련된 관람석에 앉도록 안내를 받았다. 주민들은 체육관 중앙에 놓인 대여섯 개의 동그란 탁자에 나뉘어 앉아 수다를 떨고 있었다. 나는 주최 측으로부터 받은 샌드위치를 먹으며 행사의 시작을 기다렸다. 시간이 되었는지 사회자가 단상에 올라와 마이크를 잡았다. 사회자의 인사말에서 오늘 행사의 취지를 알 수 있었다.

주민자치회는 웨스트 레이크 시 당국으로부터 주민이 자율적으로 사용할 수 있는 약간의 예산을 받은 것 같았다. 모임은 그 예산의 사용처를 정하는 자리였다. 사회자는 사용처 제안을 받은 후, 거수로 가장 많은 표를 받은 곳에 예산을 투입할 것이라고 소개했다. 곧 서너 명의 웨스트 레이크 주민이 서로 의견을 말하겠다고 손을 들었다. 한 사람씩 단상 위로 올라가 길 보수공사, 공원 의자 설치 같은 커뮤니티 시설 보완에 대한 의견을 냈다.

여러 주민들의 제안 발표가 이어졌고, 사회자가 마지막으로 더 의견이 없는지 물었다. 그리고 거수 투표에 들어가겠다고 하려는 찰나, 한 노신사가 조용히 앞으로 걸어나갔다. 사회자는 친절하게 노신사에게 자리를 내준 다음, 제안의 내용과 배경 설명을 요청했다.

단상에 선 노신사는 자신의 제안을 단 한마디로 정리했다.

"아미시를 위하여.(For the Amish.)"

주민들이 모여 있던 체육관은 순간 정적에 휩싸였다. 무겁고 깊은 정적이었다.

얼마나 지났을까, 누군가의 박수 소리가 강당을 울렸다. 곧 주민들은 박수로 화답했고, 서로 얼싸안고 노신사의 제안을 환영했다. 뜨거운 박수는 한참 이어졌다.

나는 앞서 의견을 냈던 이들에게 시선을 돌렸다. 자신의 의견이 관철되지 않아 시무룩해 있지 않을까 하는 우려와는 달리 노신사의 결정을 너무나도 열렬히 환영하고 있었다. 모인 사람들은 행복한 표정으로 너나 할 것 없이 서로를 끌어안았다.

사회자가 잠시 정숙을 요청했다. 그리고 한마디 덧붙이며 회의를 마무리했다.

"투표는 필요 없을 것 같군요. 좋은 밤 되시고 다음에 뵙겠습니다!"

공동체가 살아나면

오하이오 주의 아미시 공동체를 두 팔 벌려 환영하고, 그들의 벼룩시장을 함께 즐겨왔던 쇼핑몰 크로커 파크 인근의 주민들은 비극을 겪은 아미시 공동체를 잊지 않았다. 비극이 벌어진 장소는 다른 주였지만 아픔을 겪은 아미시 공동체를 위해 기꺼이 주민자치회의 예산을 보냈다.

그 돈으로 도로를 보수하는 것이, 공원에 의자를 설치하는 것이 더 좋았을지 모른다. 그러나 웨스트 레이크 주민들은 자기의 이익을 포기하고 아미시 공동체를 택했다.

웨스트 레이크 주민들이 보낸 성금으로 펜실베이니아 아미시 마을에 새로운 학교가 지어졌다. 이 학교의 이름은 '더 뉴 호프 스쿨(The New Hope School)'이었다. '새로운 희망'이라는 이름의 학교에서 배우고 성장한 아미시의 다음 세대는 이 학교의 역사를 잊지 못할 것이다. 비극을 용서로 극복한 앞선 세대의 용기를 잊지 않을 것이며, 그들을 위해 자신의 이득을 포기하고 학교를 세우기 위해 성금을 보낸 웨스트 레이크 주민의 사랑을 잊지 않을 것이다.

공동체가 살아나면, 용서할 용기와 이윤보다 앞선 사랑을 다음 세대가 배울 수 있다.

이 책의 시작을 아미시 이야기로 정한 이유이다.

오염은
항상 문제다

**미국의 러브 커낼과
한국의 장점마을**

갈색 땅이란?

"유진, 골프 치러 갈래?"

어느 날 사이먼스 교수님이 연구실에 나타나 말씀하셨다.

지금은 한국에서도 많이 대중화되었지만, 예전이나 지금이나 골프는 내 삶과는 거리가 있는 스포츠다. 게다가 당시나는 연구와 과제로 정말 말 그대로 눈코 뜰 새 없이 바쁜 상황이었다. 바쁘다는 말로 대답을 대신했지만 교수님은 진지한 얼굴로 어서 나가자고 보채셨다. 상황이 참 난감했다. 나는 골프 룰도 모르는데.

별 수 없이 교수님의 차 조수석에 몸을 실었다. 도대체 주말도 아니고 평일 낮에 얼마나 멋진 골프장에 데려가시려나싶어서 창밖을 주시하고 있었다. 한 시간 정도 걸려 도착한장소는 상상과는 완전히 다른 곳이었다. 골프를 좋아하는 사람들은 골프장에 오면 낙원에 온 것 같은 느낌을 받는다고

하던데, 낙원은 고사하고 주차장이 없어 풀밭에 차를 주차했으며, 관리되지 않은 나무와 잡초가 무성히 자라 있는 이상한 장소였다. 그냥 주인이 없거나 관리를 하지 않은, 버려진 땅으로 보였다.

"교수님, 골프장은 어디에 있나요?"어리둥절해 있는 나에게 교수님은 웃으며 말씀하셨다. "골프 치러 가자고 했지, 골프장에 가자고는 하지 않았어."

그리고는 한 마디 덧붙이셨다.

"여기는 랜드 필(landfill)이야. 대표적인 브라운 필드(brown-field)지."

교수님은 이 공간에 약 500세대의 타운 하우스 단지가 조성될 예정인데, 타당성 분석을 하는 것이 내 새로운 역할이라고 하셨다. 잠시 후, 누군가의 자동차가 들어오는 모습이 보였다. 교수님이 미소를 띠며 차 뒷자리에서 골프채를 꺼내셨다. 막 도착한 자동차에서 내린 노신사도 환하게 웃으며 골프채를 들고 내렸다. 두 사람은 시야가 확보되는 곳으로 이동해 연신 골프공을 때려댔다.

나는 속으로 생각했다. '공은 어떻게 처리하지? 내가 찾으러 다녀야 하나?' 다행히도 골프공 회수 임무는 나에게 주어

지지 않았다. 우리는 함께 이야기를 나누며 산책하듯 공을
회수하러 갔다.

오염은 어떻게 공동체를 파괴하는가?

브라운 필드는 오염을 제거하지 않으면 재활용할 수 없는
부지를 의미한다. 인간의 손을 전혀 타지 않은 장소를 녹색
부지(green field) 즉, '녹지'라 한다면 그 반대의 의미가 브라
운 필드이다. 폐유나 벤젠 등이 썩으면 진한 갈색을 띠게 되
어 붙은 별칭이 아닌가 싶었다.

공동체의 형성과 발전에서 오염은 매우 심각한 문제이다.
오염된 부지는 공동체를 파괴하는 주범이기 때문이다. 오염
된 부지는 세 가지 매우 중요한 문제를 발생시킨다.

가장 큰 문제는 공중 보건 상의 문제다. 오염된 땅을 밟고,
오염된 물을 마시고, 오염된 공기를 흡입하는 마을 주민은
병에 걸릴 수밖에 없다.

두 번째는 환경 정의(environmental justice) 문제다. 심각한
토양 오염이 발생하면, 당연히 마을 주민은 그곳을 떠나고

싶은 마음이 생긴다. 경제적으로 부유한 사람의 순서대로 마을을 떠나고, 빈집은 계속해서 늘어난다. 오염된 땅의 빈집으로 이주하는 새로운 주민은 당연히 떠난 사람보다 경제적 약자이다. 결국 지역은 낙후될 수밖에 없고, 사회적 약자가 모이는 마을에는 사람의 건강을 해치는 유해 시설이 입지하게 된다. 이렇게 환경 정의가 훼손되고 공동체는 와해된다.

세 번째는 세수 기반을 침해해 지방정부의 투자 여력을 상실하게 함으로써 도시의 낙후를 가속하는 문제다. 지방정부의 주머니는 결국 부동산 가격과 깊은 연관이 있다. 부동산 가격이 내려가면, 지방정부의 세수 역시 적어지게 된다. 오염된 땅이 많으면 많을수록 지방정부의 주머니는 말라가고, 오염의 제거에 재정을 투입할 여력이 더 없어지는 악순환이 반복된다.

보건상의 문제이든, 환경 정의의 문제이든, 지방정부 투자 여력의 문제이든 오염은 결국 공동체의 와해라는 결과를 발생시킨다. 서구 사회에서 대부분의 슬럼 지역은 오염된 부지나 강과 관련이 있다. 오염이 공동체를 와해시킨다면, 오염을 제거하는 것이야말로 공동체 복원의 시작일 수 있다.

그날 방문한 곳은 한 기업이 골프장으로 개발하는 도중 대규모의 산업 폐기물이 묻혀 있는 것을 발견하고 개발을 포기한 부지였다. 그 기업은 오염된 부지를 판매한 전 소유주를 상대로 소송을 했고, 오염 제거를 위한 비용은 보전받았다. 그러나 전 소유주의 파산으로 정부가 오염 제거 비용을 우선 부담해야 하는 상황이라고 했다.

미국은 철저하게 오염 발생 책임자에게 오염 제거 비용을 청구한다. 만약 지불 능력이 없으면, 정부의 기금으로 우선 제거하고, 추후 대책을 마련한다. 이를 슈퍼 펀드(Super Fund)라 한다. 그만큼 오염은 발생 원인을 따지기 전에 일단 제거해야 할 만큼 시급한 문제이다.

다시 이야기로 돌아와서, 골프장을 개발하려던 기업은 골프장 개발을 포기하고, 저렴한 가격에 부지를 판매했고, 그 부지를 다시 매입하여 타운하우스로 개발하려는 계획을 세운 사람이 그날 만난 노신사였다.

100년 전에 잉태된 비극, 러브 커낼

1890년대 초 교통 계획가이자 사업가였던 윌리엄 T. 러브(William T. Love)는 나이아가라강과 대서양을 잇는 대규모의 운하 건설을 계획하였다. 이 운하는 윌리엄 러브의 이름을 따 러브 커널(Love Canal)이라 불렸다.

기록에 의하면 길이 1마일(약 1.6km), 폭 15피트(약 4.6m), 깊이 10피트(약 3m) 정도의 운하가 파였을 때, 두 가지 원인으로 인해 건설 계획이 중단되었다. 가장 큰 이유는 운하 건설에 참여한 스폰서들이 재정 악화를 이유로 지원을 중단한 것이다. -대공항의 전조가 있을 때였다- 그리고 미국 의회

1890년대 초 교통 계획가이자
사업가였던 윌리엄 T. 러브(William
T. Love)는 나이아가라강과 대서양을
잇는 대규모의 운하 건설을
계획하였다.

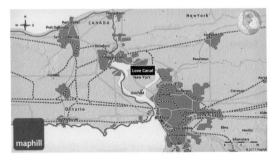

도시, 다시 살다

에서 나이아가라 폭포의 보존을 위해 다른 부지에 물길을 내는 법안을 통과시킨 것도 한몫을 했다. 그렇게 운하는 흉물로 방치되었다.

1900년대 초반 러브의 회사는 부도가 났고, 운하 부지는 나이아가라 시의 소유가 되었다. 나이아가라 시는 산업 폐기물과 화학 폐기물을 매립하는 매립지(landfill)로 1940년대 중반까지 이곳을 사용하다가, 후반에 화학 물질과 플라스틱 재료 취급 업체인 '후커(Hooker Chemical and Plastic Corporation)'에 매각했다. 그 후 이곳은 후커사 전용의 화학 폐기물 매립지가 되었다. 5년 동안 약 2만 2천 톤의 독성 폐기물이 매립되었다고 하니 상상을 초월하는 양의 쓰레기가 운하 부지에 매립된 것이다.

후커사가 폐기물 매립을 어느 정도 종료했을 무렵, 인구가 폭발적으로 증가하던 나이아가라 시는 새로운 마을과 학교를 지을 부지를 물색하고 있었고, 러브 커널 부지를 최종 후보지로 점찍었다. 지금의 상식으로는 도저히 이해되지 않지만, 나이아가라 시 당국과 교육 위원회는 러브 커널 부지를 구매하기 위하여 후커사와 협상에 나섰다. 후커사는 독성 물질 매립의 향후 영향에 대한 책임을 회피하기 위하여 단 1달러에 운하 부지를 나이아가라 교육 위원회에 매각하였고, 이후 운하 부지에 학교와 마을이 건설되었다. 특히, 1950년대에 문을 연 '더 나인티써드 스트릿 스쿨(the 93rd Street School)'과 '더 나인티나인스 스트릿 스쿨(the 99th Street School)' 두 학교의 건설과 개교는 치명적이었다.

나이아가라 시는 청년과 젊은 부부들을 운하 위에 건설한 마을로 유입하기 위하여 홍보를 강화했다. 나이아가라 폭포가 관광지로 유명해지면서 지역에는 일자리가 넘쳐났고, 그 결과 청년층이 죽음의 운하로 모이기 시작했다.

1950년대 이곳에서는 수많은 기형아가 태어났고, 유산율은 미국 평균의 4배를 상회했으며, 백혈병과 암의 발병이 일상이 되어 말 그대로 '죽음의 마을'이 되었다. 1950년대 후반부터 마을 주민들은 본격적으로 나이아가라 시와 정부 그리고 후커사에 항의했지만, 인과성이 부족하다는 이유로 외면을 받았다.

상황은 계속 악화되어 1970년대 후반에 태어난 아이 중 절반 이상이 기형이거나 정신박약 혹은 심장질환을 가지고 태어났다. 사태가 걷잡을 수 없을 정도로 커지자 심각성을

1950년대 후반부터 마을 주민들은 본격적으로 나이아가라 시와 정부 그리고 후커사에 항의했지만, 인과성의 부족을 이유로 외면을 받았다.
©my Moral Compass

인지한 연방정부의 개입으로 비상사태가 선포되었다. 정부 주도로 조사를 실시한 결과 상상을 초월하는 독성물질이 발견되었다. 1990년대에 들어서 정부와 피해자가 보상안에 합의하면서 재앙은 100년 만에 일단락되었지만, 지금도 러브 커낼 부지는 도저히 복구가 불가능하여 사람이 살 수 없는 버려진 땅으로 남아 있다.

지금도 러브 커낼 부지는 도저히 복구가
불가능하여 사람이 살 수 없는 버려진 땅이
되었다. 시가 우릴 버렸다!(City Failed Us)라는
문구가 눈에 띈다. ©Buffalo News

한국의 러브 커낼, 장점 마을

눈이 많이 내린 후였지만, 하늘이 더없이 파랗던 어느 날
오후, 내비게이션에 '장점 마을'을 입력하고 차를 몰았다. 장
점 마을은 전라북도 익산시에 있다. 난 내비게이션에서 시골
마을을 찾을 때 습관적으로 '○○ 마을 노인정'으로 검색한

도시, 다시 살다

다. 오래된 마을에서 노인정은 중심 역할을 하기 때문이다.

이 날도 '장점 마을 노인정'을 검색하고 길을 나섰다. 경기도 안성의 집에서 약 한 시간 반 정도 운전하니 장점 마을 표지석이 보였다. 표지석은 마을의 비극과는 대조적으로 씩씩하게 세워져 있었다. 표지석을 기준으로 우회전하여 조심스럽게 마을로 접근하였다. 하늘은 가을인 양 높았지만, 눈이 녹지 않은 길 위의 차는 살짝살짝 미끄러지며 마을 깊숙이 진입했다.

노인정에 도착할 때까지 주민의 모습은 보이지 않았다. 노인정 앞 공터 한 쪽에 주차를 하고 노인정으로 향했다. 문 옆에는 '장점 마을 후속 대책 추진사항' 이라는 게시물이 붙어 있었다. 노인정에는 인기척이 느껴지지 않았고 문도 열리지 않았다. 익산시가 부착해 놓은 듯한 게시물에는 오염원 제거 중심의 '사후 관리'와 비료 공장의 '부지 활용 방안' 그리고 공동체 재생을 위한 '마을환경 개선' 사업들이 적혀 있었다. 사업의 실제 진행 현황이 궁금했지만, 이곳에 사는 주민을 만날 수 없으니 들을 길은 없어보였다.

노인정으로 들어오는 길의 양 옆과 노인정 주변으로 드문드문 주택이 있었다. 몇몇 집 앞에 자동차가 주차된 것으로 보아 여전히 사는 사람도 있는 것처럼 보였지만, 다수의 집은 방치되어 있었다.

방치된 집을 눈으로 직접 확인하고 나니 마을의 참상이 더 가깝게 느껴졌고 공간의 회복이 빨리 이루어져야 할 것 같다는 생각이 들었다. 노인정 문 앞에 붙은 게시물에 따르면 오염 물질 제거 공사는 완료된 것 같은데 공동체 회복을 위한 사업은 겨울이어서 그런지 중단된 것으로 보였다. 한국의 마

노인정에 도착할 때까지 주민의 모습은 보이지 않았다. 노인정 앞 공터의 한 쪽에 주차를 하고 노인정으로 향했다. 문 옆에 '장점 마을 후속 대책 추진사항' 게시물이 붙어 있었다.

도시, 다시 살다

노인정으로 들어오는 길의 양 옆과
노인정 주변으로 드문드문 주택이
있었다. 몇몇은 자동차가 주차된 것으로
보아 사람이 여전히 사는 듯했지만,
다수의 집은 사는 사람 없이 방치되어
있었다.

을이 맞나 싶을 정도로 공간 자체의 낙후가 심했다.

　모든 사건에는 원인이 있다. 이 마을에서 발생한 비극의
원인은 비료 공장이었다.

　2001년 담뱃잎을 화학 물질로 가공하여 비료를 생산하는
공장이 마을 건너편 500m 정도에 위치한 산 중턱에 들어섰
다. 비료 공장 가동이 시작된 후 주민들은 악취에 따른 두통
을 호소했고 민원을 제기했다. 하지만 익산시의 담당 공무원

은 과학적인 조사를 진행하지 않고 본인의 느낌만으로 악취가 나지 않는다며 주민의 민원을 일축했다.

이 마을의 심각성이 외부로 알려진 계기는 2009년에 발생한 인근 저수지의 물고기 집단 폐사 사건이었다. 지상파 방송에도 소개되어 비료 공장의 불법 화학 폐기물 매립이 원인으로 의심된다고 지적했지만, 시간이 지남에 따라 사건은 흐지부지 묻혔고 주민의 고통만 커졌다.

암으로 사망하는 주민이 속출하고, 2016년 1급과 2급 발암 물질이 토양과 저수지 등에서 계속 검출되었다. 그러나 여전히 후속 조치에 대한 논의는 본격적으로 이루어지지 않았고, 비료 공장이 직접적인 원인으로 지목되지도 못했다.

중앙정부가 개입하여 본격적인 조사가 시작된 것은 2018년이었다. 2년여의 조사가 진행된 뒤 마침내 2020년에 비료 공장의 폐기물 매립과 주민의 집단 암 발병 사이의 인과성이 인정된다고 정부가 공식적으로 확인했다. 2001년에 들어선 공장으로 인한 주민의 고통이 20년의 세월이 흘러서야 인정받은 것이다. 100명이 채 되지 않는 마을의 주민 중 30여 명이 암으로 사망한 후였다.

다행히 차를 운전해 공장 앞까지 접근할 수 있었다. 산의

'출입금지' 표시가 노란색
철제문에 붙어 있었다.
공장 전체가 잠금 처리된
것처럼 느껴졌다.

중턱임에도 불구하고 해가 내리쬐는 곳으로 진입로가 나 있
어 미끄러지지 않고 공장 앞까지 접근할 수 있었다.

공장의 정문에는 '출입금지' 표시가 붙어 있었다. 공장 전
체가 잠금 처리된 것처럼 느껴졌다. 공장의 규모는 한눈에
보아도 크지 않았다. 이 정도 규모의 공장에서 발생한 폐기
물이 30명이 넘는 사람의 소중한 생명을 앗아갔다고 생각하
니 오염의 무서움이 다시 한번 느껴져 몸에 힘이 들어갔다.

당연히 공장에서도 인기척은 느껴지지 않았다. 비극이 잉
태된 장소는 적막감에 휩싸여 있었다.

장점 마을은 오염이 어떻게 공동체를 파괴하는지를 압축적으로 보여주는 대표적인 장소이기도 하지만, 한국 사회의 총체적인 난맥상을 보여주는 장소로도 볼 수 있다. 공무원은 민원을 무시했고 피해가 드러난 후에도 책임을 회피하기만 했다. 과학적인 조사보다 감에 의존한 조사는 정부에 대한 신뢰를 잃게 했으며, 비료 공장으로 인해 주민 다수가 사망했음에도 다른 비료 공장에 부지를 팔려고 했던 지방자치단체의 어이없는 결정은 우리를 한 번 더 절망하게 했다.

당연히 공장에서도 인기척은 느껴지지 않았다. 비극이 잉태된 장소는 적막감에 휩싸여 있었다. 장점 마을은 오염이 어떻게 공동체를 파괴하는지를 보여주는 대표적인 장소이다.

도시, 다시 살다

한참이 지나서야 제대로 된 논의가 시작되었고, 빗발치는 여론에 결국 공장 부지의 재활용은 원점에서 다시 논의되었다. 이곳은 앞으로 생태 공원으로 조성될 예정이다.

오염은 정말 언제나 문제이다

오염은 사람의 건강을 파괴하고 공동체를 파괴하여 우리의 삶 자체를 초토화시키는 무시무시한 괴물과도 같다.

오염으로 인해 고통을 받았거나 여전히 고통받고 있는 마을에서 벌어지는 일에는 패턴이 있다. 마을 주민이 암이나 백혈병으로 지속해서 사망하고 있음에도 정부는 "인과성이 없다." 혹은 "너희가 인과성을 입증해라."라는 주장을 되풀이한다는 점이다. 오염의 원인을 제공한 기업과 단속 책임이 있는 공무원은 서로에게 책임을 돌리며 그 누구도 사태를 수습하려 하지 않는다. 겨우 인과성이 입증된 뒤에는 "얼마면 될까?"라는 태도로 피해자와 유가족의 가슴에 대못을 박는다. 보상의 과정에서 "너희 잘못은 없니?"라며 피해자를 가해자로 만들려는 시도는 분노를 넘어서 참담함을 느끼게 할

지경이다. 이런 패턴은 언제나 똑같다.

정의란 무엇일까? 환경의 오염에서 비롯된 정의의 문제는 어떤 속성이 있을까? 만약 장점 마을의 주민이 돈이 많았다면, 혹은 정치 권력을 소유했다면, 오염 발생 이후의 사후 처리 과정이 지금과 같았을까? 만약 그랬다면, 인체에 치명적인 화학 물질을 사용하는 비료 공장이 들어서지도 않았을 것이며, 설사 들어섰다고 하더라도 오염 물질은 철저하게 관리되고 감독되었을 것이다. 이렇게 우리는 정의롭지 못한 사회에 살고 있다.

정의로운 사회는 부유하나 가난하나 건강하게 공동체를 이루며 이웃과 더불어 살 권리가 보장되는 사회이다. 정의로운 사회는 부유하나 가난하나 정확한 정보를 획득할 수 있으며, 정확한 정보에 근거해 피해에 대한 합당한 보상을 요구할 수 있는 사회이다. 정의로운 사회는 부유하나 가난하나 참여가 보장되고, 참여를 통해 위기를 해결할 방법이 진짜로 존재하는 사회이다. 러브 커널과 장점 마을에서 벌어진 사태는 본질적으로 다르지 않다. 그리고 오염으로 인해 고통받는 우리의 이웃은 드러나지 않았을 뿐 여전히 많다.

러브 커널과 장점 마을의 위치는 다르지만, 결과는 모두

참혹했다. 값비싼 교훈을 얻은 우리 사회는 더는 똑같은 패턴으로 고통받는 이웃이 생겨나는 것을 방관해서는 안 된다. 그것이 공동체를 살리는 길이다. 러브 커낼과 장점 마을의 사례를 통해 아무것도 배우지 못한다면, 우리는 희망이 없는 사회에 살고 있는 것이다.

탄이 떠난 자리

**태백 상장동 벽화마을과
정선 마을호텔 18번가**

탄에 대해

석탄은 크게 유연탄과 무연탄으로 나뉜다. 말 그대로 유연탄은 태울 때 연기가 나는 탄이고, 무연탄은 연기가 나지 않는 탄이다. 유연탄은 다시 이탄, 아탄, 갈탄, 역청탄으로 구분된다. 이탄에서 역청탄으로 갈수록 탄소함유량이 많아지는데 에너지원으로서 가치가 있는 탄은 역청탄이다. 역청탄은 비교적 낮은 온도에서도 불이 붙기 쉬워 화학 공업의 중요한 원료로 쓰인다. 반면, 무연탄은 발화점이 높아 불이 잘 붙지 않는다. 대신 연기가 거의 나지 않고, 한번 불이 붙으면 천천히 일정한 온도로 탄다. 우리나라는 유연탄이 거의 매장되어 있지 않고 무연탄만 묻혀 있다. 예나 지금이나 친숙한 난방 재료인 연탄의 주원료가 무연탄이다.

1980년대에 초등학교에 다닌 독자라면 조가비 모양으로 생겨 '조개탄'이라 불렸던 교실 난방용 탄을 기억할지도 모른다. 당번인 날이면 학급 친구들보다 30분에서 1시간 일찍 등교해 난로에 넣을 탄을 받아와야 했다. 나 역시 학교 건물 뒤편 창고에서 나누어주던 탄을 받아 끙끙대며 교실까지 날랐던 기억이 흐릿하지만 남아 있다.

교실 난로를 통해 우리 몸을 녹여주었던, 우리 어린 시절 탄은 모두 무연탄이 주재료였다. 한번 타오르면 적당한 온도로 오랫동안 교실을 따뜻하게 데워주던 우리나라의 무연탄은, 적지 않은 국민을 교실에서 지켜준 고마운 존재이다.

산업의 전환은 어떻게 공동체를 파괴하는가?

가정마다 연탄을 때고, 교실에서는 조개탄을 때던 시절 한국의 탄광은 사람들로 붐볐다. 돈을 벌기 위해서는 탄광으로 가야 했던 시절이 있었다. 당연히 전국의 탄광 주변에는 광부들의 집과 자녀를 위한 학교, 음식점, 이발소, 슈퍼마켓 등이 들어서 거대한 마을이 형성되었다.

1980년대 초반 탄광을 포함한 전국 광산의 수는 350개에 달했고, 탄을 나르기 위한 운송업(중앙선, 영동선, 태백선, 문경

선 등)이 발달했다. 탄을 캐는 일은 사실상 국가의 산업을 지탱한 기간산업이었다.

그런데 상황이 변하기 시작했다. 1980년 후반부터 가정용 난방의 주원료였던 연탄의 수요가 급감하기 시작했다. 전기 생산을 위한 화력발전의 보급으로 중국산 역청탄의 수입이 점점 늘어난 것이다. 무연탄조차 중국에서 수입이 가능해 굳이 상대적으로 비싼 인건비의 국내 탄광을 유지하는 것은 경제적이지 못했다. 가정용은 천연가스를 주원료로 하는 도시가스로 대체되었고, 이후에는 전기보일러가 가정용 난방의 대세로 자리 잡게 되어 무연탄을 더 캘 필요가 없어졌다.

1990년대 초반, 정부는 석탄산업합리화 정책을 발표했고, 이는 곧 탄광 마을 공동체의 해체를 의미했다. 이때 문을 닫은 무연탄 탄광이 강원도에만 200여 개에 이르렀다. 광부와 광부 가족, 그리고 이들에게 필요한 다양한 시설을 운영하던 수만 명의 삶이 나락으로 떨어지는 데에는 오랜 시간이 걸리지 않았다.

'사랑'을 마을에 새긴, 태백 상장동 벽화마을

태백시의 상장동 남부 마을은 대표적인 폐광 마을이다. 이 마을은 함태광업소의 기숙사 역할을 했다. 1970년대 호황기에는 광부만 4천 명 이상 모여 살았다고 하니 가족까지 합하면 주민만 2만 명은 족히 되는 큰 마을이었을 것이다.

함태광업소가 폐광된 후, 그나마 돈을 모은 광부나 젊은 층은 새로운 일자리나 사업거리를 찾아 도시로 이주하였고, 떠날 여력이 없는 중장년층 이상의 주민만 남아 주민 모두가 함께 나이가 들어 버린 곳이 이 마을이다. 산업의 몰락은 배후 도시의 슬럼화를 불러온다. 마을의 상황은 처참할 수밖에 없었다.

보다 못한 정부는 폐광 마을에 벽화마을 조성 사업을 진행했다. 물론 벽화만 칠한 것은 아니고, 탄으로 인한 유해 물질을 걷어내는 작업도 병행하여 낙후된 마을을 살리기 위한 노력을 함께 했다.

영월, 태백, 삼척, 정선, 문경, 보령, 화순 등에 벽화마을이 조성되었는데 특히 태백 상장동 벽화마을은 다른 벽화마을과는 달리 광부의 일상을 벽에 새겼기에 더욱 빛나고 매력적인 공간이 되었다.

상장동 벽화마을을 내비게이션으로 검색하고 빨리 이 벽
화를 만나고 싶은 마음에 쉬지 않고 운전을 했다. 그런데 상
장동 남부 마을임을 알리는 표지판을 지났음에도 불구하고
'벽화'를 쉽게 찾을 수 없었다. 처음에는 잘못 온 줄 알았다.
운전대를 잡고 여기저기 마을 근처를 둘러보았음에도 벽화
다운 벽화를 찾을 수 없었으니 말이다.

안 되겠구나 싶어 차를 대고 마을 안으로 걸어 들어갔다.

시간의 흐름이 이 곳에서만은
적용되지 않는 듯했다. 오래전에
살던 정겨운 집을 만난 반가운
감정을 숨길 수 없었다.

그제야 멀리서 보이지 않던 광부의 삶이 펼쳐지기 시작했다.

상장동 벽화마을 곁에는 황지천이 흐른다. 이 하천을 따라 가장 바깥쪽의 집들을 먼저 둘러보았다. 집을 둘러싼 벽마다 탄을 캐는 광부의 일상이 새겨져 있었다. 모든 가옥에는 LPG 가스통과 굴뚝이 있었다. 시간의 흐름이 이곳에서만은 적용되지 않는 듯했다. 오래 전에 살던 집과 닮은 정겨운 집을 만나니 매우 반가웠다.

마을의 외벽을 따라 걷다가 내 눈길을 붙잡은 벽화를 만

광부 세 명을 그린 벽화는
시선도 다르고 표정도 모두
달랐지만, 일에 대한 자부심과
각오가 느껴졌다.

도시, 다시 살다

광부의 식사 시간. 아마 밥을
먹는지 먼지를 먹는지 몰랐을 것
같다. 그래도 도시락의 힘으로
넉넉히 이겨낸 삶이었으리라.

났다. 마치 증명사진 같다는 생각이 들었다. 광부 세 명을 새
겼는데, 시선도 다르고 표정도 모두 달랐지만, 일에 대한 자
부심과 각오가 느껴지는 그런 벽화였다. 벽을 적당한 높이로
가린 이름 모를 초목과 잘 어우러져 한층 분위기가 있었다.

세 광부의 모습에는 다른 특징이 있다. 디테일한 표현으로
예상하건대 주인공은 이 마을에 실제하는 광부일 거라는 생
각이 들었다. 가장 인상 깊은 것은 세 번째 광부의 모습이다.
여유로움이 느껴지는, 마치 가족을 마주할 때처럼 인자한 미
소를 머금고 있다. 이 삶을 넉넉히 이길 수 있음을 자신하는

그런 자존감 높은 표정인 것 같아서 보는 것만으로도 감동이
있었다.

다른 벽화에서는 광부가 점심밥을 먹고 있다. 찬이 많아
보이지는 않는다. 반찬의 개수보다 광부들의 배를 불린 것은
아침 일찍 이 도시락을 쌌을 아내의 정성과 고단함이 아닐
까. 밥을 먹는지, 먼지를 먹는지도 모르는 상황에서도 도시
락은 고된 삶을 이겨낼 수 있는 힘이 되었을 것이다.

집과 집 사이의 거리는 꽤 가깝다. 앞집에 누가 사는지는
당연하고, 부부 싸움의 이유까지 다 알 수밖에 없는 그런 가

집과 집 사이의 거리가 가깝다.
앞집에 누가 사는지는 당연하고,
부부싸움의 이유까지 다 알
수밖에 없는 그런 가까운
거리이다.

도시, 다시 살다

까운 거리이다. 개인의 사생활을 매우 중요시하는 현대 도시인이 택하기 어려운 주거 형태임에는 분명하다. 하지만 그 시절 우리는 개인의 사생활보다 공동체의 행복에 더 관심이 많았다.

골목에는 아픔에 공감할 수 있고, 기쁨을 나눌 수 있는 이들이 넘쳐난다. 이런 골목에선 앞집의 일과 우리 집의 일을 구분하는 것이 무의미하다. 그냥 '우리'의 일이다.

실존했던 광부 할아버지와 손자의 모습을 새긴 벽화도 있다. 광부 할아버지는 진폐증으로 광부 아들과 손자를 두고 먼저 세상을 떠나셨다. 진폐증은 오랜 광부 생활로 폐에 먼지와 탄이 쌓여 심폐기능이 떨어지는 병으로 당시 직업병이면서도 불치병이었다고 한다. 갱도가 무너지는 사고로 목숨을 잃는 경우는 언론에 많이 보도되어서 그렇지 실제로는 드물었고, 광부의 생명을 가장 크게 위협한 것은 진폐증이다. 광부의 수명이 짧았다고 하는데 가장 큰 이유가 은퇴 후에도 진폐증으로 인해 폐의 기능이 갈수록 저하되고 회복이 되지 않기 때문이다. 자기 생명과 가족에 대한 사랑을 바꾼 것이 광부의 삶이다.

실존했던 광부 할아버지와 손자의
모습을 벽에 새긴 것이다. 광부
할아버지는 광부의 직업병인
진폐증으로 광부 아들과 손자를 두고
먼저 세상을 떠나셨다.

가장 높은 곳에서 빛나는 꽃, 마을호텔 18번가

마을호텔 18번가를 찾은 날은 날씨가 좋지 않았다. 강릉
에서 학회가 있어 발표를 마치자마자, 더 날씨가 나빠지기
전에 마을호텔 18번가가 위치한 정선으로 향했다. 정선까지
가는 길은 상당히 무서웠다. 비 내리는 산에는 어둠이 빨리
내려앉았고, 비가 오는데도 안개가 심해 시야가 오십 미터도
확보가 되지 않았다. 하필 가는 길에 길을 잘못 들어 한참을

이름 모를 산에서 헤매기까지 했다. 정말 우여곡절 끝에 도착하고 보니, 비 오는 밤의 마을호텔 18번가는 운치가 있었다.

체크인을 위해 현관에 적힌 번호로 전화를 걸었다. 체크인을 마치고 잠시 둘러보았다. 현관으로 들어서는 작은 테라스에는 마을호텔 18번가의 역사와 이곳이 커뮤니티 호텔로 자리 잡기까지 도움을 준 손길을 알 수 있게 장식해 놓았다.

이곳은 폐광 마을 주민들의 경제 활성화를 도모하고 있는 커뮤니티 호텔이다. 다른 지방자치단체의 커뮤니티 호텔과

현관으로 들어서는 작은 테라스에는 마을호텔 18번가의 역사와 이 곳이 커뮤니티 호텔로 자리 잡기까지 도움을 준 손길을 알 수 있게 장식해 놓았다.

다른 점이 있다면, 시청이나 군청 주도가 아닌, 주민들이 스스로 경제 공동체를 구성하고 주역이 되어 일군 공동의 일터라는 점이다. 적지 않은 시간 주민 교육과 컨설팅을 거쳐 2020년 봄에 개관했다.

빈 가게를 개조한 이 공간은 진짜 호텔이다. 객실은 세 개뿐이지만, 문을 열고 들어서면 일반 호텔과 다를 바 없는 모습이다.

마을호텔 18번가는 강원도 정선군 고한읍 18리에 있다. 이 지역은 강원도를 대표하는 폐광지역인데 지금은 강원랜드로 더 잘 알려져 있다. 폐광 지역 경제 활성화를 위해 정부는 대규모 토목 사업을 시행했고, 그 결과물이 강원랜드였다. 마을 주민들은 처음에 강원랜드의 건설로 지역 경기가 다시 활성화될 수 있다는 기대감이 있었다. 하지만 마을호텔 18번가의 김진용 이사에 따르면, 대규모 토목 건설은 주민의 삶을 바꾸지 못했다고 한다. 오히려 마을을 바꾸기 위해 주민이 공동체를 형성하고, 문제를 해결하려 할 때, 느리지만 천천히 지역이 바뀌고 주민의 삶 역시 조금 더 윤택해지기 시작했다고 한다.

이곳은 폐광 마을 주민이 스스로의
힘으로 경제 공동체를 구성해 경제
활성화를 도모하고 있는 커뮤니티
호텔이다. 다만, 다른 지방자치단체의
커뮤니티 호텔과 다른 점이 있다면,
시청이나 군청 주도의 커뮤니티 호텔이
아닌, 주민이 주역이 되어 일군 공동의
일터라는 점이다.

마을호텔 18번가는 플랫폼을 지향한다. 호텔에 가면 잠만
잘 수 있는 것이 아니라, 맛있는 밥도 먹을 수 있고, 쇼핑도
할 수 있고, 심지어 머리도 자를 수 있듯이 마을호텔 18번가
역시 플랫폼이 되어 주민과 외부 관광객이 정선을 즐기는 것
을 꿈꾸고 있다.

평범해 보이는 골목길이지만
이곳에 있는 가게들은
'마을호텔 18번가'라는 특별한
경제공동체로 묶여 있다.

마을 주민들은 '마을호텔 18번가'라는 브랜드를 붙여 이
곳을 찾은 사람들에게 다채로운 서비스를 제공한다. 마을호
텔 18번가에 묵는 사람들은 골목길 안에 위치한 짜장면집
도, 사진관도, 이발소도 싼 가격으로 이용할 수 있다. 골목 안
의 작은 가게 문 앞에 붙은 마을호텔 18번가라는 표식을 통
해 이곳의 골목경제는 하나의 플랫폼으로 묶여 있다.

골목을 걷다 보면 집마다 걸려있거나 문 앞에 놓인 예쁜 꽃이 눈에 들어온다. 김진용 이사가 그 이유에 관해 설명했다. 그의 말을 간단히 옮긴다.

"대학을 졸업하고 고향으로 돌아왔을 때, 이곳은 쓰레기 천지였어요. 사람들은 빨리 보상받고 떠나고 싶어 했죠. 하지만 뜻을 함께하는 사람들이 쓰레기를 줍기 시작했어요. 거리가 좀 달라졌죠. 그리고 누군가 꽃을 집 밖에 걸었어요. 주

골목을 걷다 보면,
예쁜 꽃이 눈에
들어온다. 이 마을
주민에게 꽃은
특별한 의미가 있다.

민들끼리 따라 내걸다가 이제는 경쟁이 붙어요. 옆집이 꽃을 새로 사 오면, 더 크고 예쁜 꽃을 사오고 싶어 해요. 작은 실천 하나가 마을의 풍경을 바꾼 거죠. 대규모 토목 사업은 우리의 삶을 바꾸지 못해요. 교육도 한계가 있죠. 중요한 것은 실천이에요."

탄이 떠난 자리, 사람이 돌아오다.

산업 시설이 모두 떠나도 남는 사람이 있다. 저마다 남아야만 하는 이유는 다르지만, 이들은 버려진 마을에 남아 슬픔과 기쁨을 함께 느끼며 산다.

다시 돌아오는 사람도 있다. 돌아오는 이유 역시 모두 다르지만 대체로 이들은 버려진 마을에서 새로운 희망을 찾고자 한다. 남은 사람과 돌아온 사람들, 그들이 정선에서 탄이 떠난 자리를 대신한다.

도시가 치유되는 과정에서 이들의 역할은 매우 중요하다. 남은 사람과 돌아온 사람이 연결망을 형성하기 위해 공동체를 조직하고 이 조직은 협동조합과 같은 형태로 진화하여 마을의 문제를 학습한다. 이 학습은 곧 마을에 내재한 문제를 해결하는 열쇠가 된다. 다만, 앞서 이야기한 대로 교육에서 끝나서는 안 된다. 교육이 실천에 나설 수 있는 동기가 되고, 여기에 모두 동참해야만 마을 주민의 삶이 바뀐다.

정부의 역할도 중요하다. 지역 경제를 위해 수백억 원을 투자하지만, 대규모 투자 사업이 주민의 삶을 바꾸지 못한다는 것을 폐광 마을 주민은 이미 경험했다. 이 개발사업이 주민의 뜻과 반할 경우에는 더더욱 그렇다.

오히려 주민의 삶을 바꾸는 것은 주민의 참여를 기초로 시작한 작은 실천과 경제 공동체의 건설이다. 정부는 주민의 참여를 존중해야 한다. 주민이 결성한 공동체에 관심을 가져야 하며, 의사결정의 파트너로 인정하고 주민 참여적 지원 체계를 갖출 필요가 있다. 강원도 산골의 작은 폐광 마을이 전하는 메시지이다.

골목에서 다시 친구를
만날 수 있을까?

**강릉 월화거리와
로즈웰 히스토릭 디스트릭트**

White in, Black out

유학 시절, 연구원들과 회의 자리에서 자주 등장했고, 문헌에도 자주 등장해 내 심기를 건드린 단어가 하나 있었다. 바로 '젠트리피케이션(gentrification)'이었다.

이 단어의 사전적 의미는 '고급 주택으로 되는 것 혹은 주택의 개량'이다. 그러나 논문에 등장하는 젠트리피케이션은 문맥상 대부분 부정적인 의미로 사용되고 있었다. 낡고 허름한 우리 집이 모던하게 리모델링된다면, 행복할 것 같은데 왜 부정적으로 사용되고, 현대 사회의 도시재생에서 핵심적인 개념으로 자주 등장하는지 전혀 이해되지 않았다. 당시난 이 분야에서 아는 것이 거의 없었다.

교수님이 조금 한가해 보일 때, 연구실로 찾아가 여쭈어보았다. "교수님, 젠트리피케이션이 뭔가요?" 아마 도시를 연구한다는 박사 과정 학생이 젠트리피케이션이 뭐냐고 물어오니 황당했을 것도 같다. 그래서인지 교수님은 컴퓨터 모니터에서 눈을 고정한 채 입을 떼셨다. 하신 말씀은, "White in, Black out"이었다.

미국 사회에서 백인과 흑인의 공간적인 분리를 함축하는 문구가 "Black in, White out"이다. 커뮤니티에 흑인이 이주해 오기 시작하면, 흑인과 함께하고 싶지 않은 백인은 그 커뮤니티를 떠난다는 것이다. 미국의 대표적인 서민을 위한 대형 마트인 월마트를 활용해 "Walmart in, White out"이나, 유대인 폄훼의 뜻이 담긴 "Jewish in, White out"과 같은 응용 버전도 있다. 모두 미국 사회의 차별에 관한 문구라 할 수 있다. 그런데 교수님은 이를 바꾸어, "White in, Black out"으로 표현한 것이다.

처음에는 잘못 말씀하신 것 아닌가 싶었다. 난 질문을 이어갔다. "교수님, 커뮤니티 전체 입장에서는 백인이 이주해 오고 흑인이 지역을 떠나면 좋은 것 아닌가요?" 그때서야 교수님은 응시하시던 컴퓨터 모니터에서 눈을 떼시고 나를 빤히 쳐다보셨다. 지금 생각해보니, 정말 어처구니없는, 인종 차별적인 질문이었다. 무의식에는 사람의 진심이 담긴다고, 그 당시 난 흑인의 존재를 무서운 것 혹은 피해야 할 것으로 판단하고 있었던 것 같다. 다행히 교수님은 영어 못하는, 도시에 대해 잘 모르는, 먼 나라에서 온 한 학생의 실수로 판단하셔서 크게 탓하진 않으셨다.

그날 교수님과의 대화로 많은 의구심이 해소되었다. "왜 백인이 들어오면 흑인은 나가야만 할까?", "그렇게 분리를 좋아하는 백인이 왜 흑인 동네에 들어오기 시작하는 것일까?", "흑인은 어디로 나가는 것일까?" 등등.

백인이 들어오면 비싼 집값과 임대료를 감당하지 못하는 흑인은 떠나야만 한다. 도시가 좋아졌기에 즉 도시개발이 이루어져서 살만해졌기에 백인이 들어오는 것이며, 이런 상황에서 흑인은 도시 난민으로 전락할 수밖에 없다. 이것이 바로 젠트리피케이션이다.

젠트리피케이션은 오래된 도시가 살기 좋은 도시로 다시 태어나는 것 이면에 나타나는 딜레마로서 도시재생에서는 반드시 극복해야 할 과제이다.

비자발적 이주는 어떻게 공동체를 파괴하는가?

내가 졸업한 초등학교 근처에는 '달동네'라 불리는 마을이 있었다. 자연스럽게 반마다 많게는 학생 수의 반 정도, 적게는 삼 분의 일 정도가 달동네에서 통학하는 학생이었다. 초등학교 저학년 시절 나랑 가장 친한 친구였던 철우(가명)도 달동네에서 학교에 다니는 학생이었다. 그 당시 내가 살던 동네에는 아파트가 거의 없었다. 서울이었지만 거의 지방의 소도시이나 다름없던 동네였고, 일반적인 주거 형태는 허름한 단독 주택이나 다세대 연립 주택이었다.

하루는 철우가 학교에 오지 않았다. 철우뿐만 아니라 우리 반 학생 중 몇 명이 등교하지 않았다. 궁금하긴 했지만, 연락할 길이 집 전화밖에 없던 시절이라 따로 연락하지는 않고 그냥 아파서 그러려니 했다. 그런데 다음 날도 철우가 오지 않았다. 그리고 다음 날도 철우는 얼굴을 보여주지 않았다. 담임선생님은 별말씀 없었던 것으로 기억한다. 나는 답답해 선생님께 물어봤다. 철우에게 무슨 일이 있는 것인지.

사실 친한 친구였지만 철우의 집에 가본 적이 없었고, 집 전화번호도 모르고 있었다. 학교가 끝나면 주로 우리 집을 놀이터 삼아 놀았다.

담임선생님이 아무 말씀을 하지 않으시기에 난 철우를 찾아 나서야겠다고 생각했다. 정확한 집의 위치는 몰라도 대충 들어서 어디로 가야 하는지는 알고 있었다. 어른들이 달동네로 부르던 그곳의 중턱에 철우네 집이 있을 것이고, 근처에 가서 마을 사람에게 물어보면 알려주지 않을까 하고 길을 나섰다. 하지만 달동네 초입까지 걸어간 난 철우 찾기를 포기할 수밖에 없었다. 거대한 장비가 달동네를 아래부터 파괴하고 있었기 때문이다. 주민들은 멍한 표정으로 그 모습을 바라만 보고 있었다. 순간적으로 철우를 찾는 것이 위험하다는 것을 직감한 나는 눈앞의 상황을 이해하고자 애썼다. 하지만 당시 나는 초등학교 4학년밖에 되지 않은 어린아이일 뿐이었다. '철우는 저 안에서 무사한 걸까?'하는 걱정과 이 상황이 무섭다는 생각만 들었다. 나는 흐르는 눈물을 주체할 수 없었다.

며칠이 더 흐르고, 철우에 대한 걱정도 더 깊어졌을 무렵, 담임선생님이 나와 친구 두세 명을 상담실로 보냈다. 당시 상담실은 주로 잘못했을 때 혼나는 곳이었으므로 조금 긴장했던 것 같다. 상담실 문을 열고 들어서니, 철우가 앉아 있었다. 우리는 말 없이 함께 울었다. 별다른 대화를 할 수 없었고, 필요도 없었다. 그날 이후 난 지금까지 내 친구 철우를 보지 못했다. 비자발적 이주는 이렇게 공동체를 파괴한다.

과거와 현재를 잇는 길, 강릉 월화거리

강릉은 매력이 넘치는 도시이다. 전통을 상징하는 오죽헌과 경포대, 자연을 상징하는 경포해수욕장뿐만 아니라 다양한 근·현대 박물관까지. 꼭 가보아야 할 곳의 목록을 꼽다 보면 열 손가락으로는 어림도 없다.

관광지로서의 강릉은 손색이 없지만, 삶의 공간으로서 강릉은 상당히 고전 중이다. 구도심을 조금만 걸어보면, 낙후 정도가 매우 심한 것을 알 수 있다. 코로나19 대유행 이후 더 심해졌을 것으로 추정된다. 그럼에도 불구하고 구도심의 활력을 지탱하는 소중한 거리가 있다. 이 거리는 과거와 현재를 잇는 길로서 강릉 구도심의 도시재생을 상징한다. 강릉 월화거리 이야기다.

월화거리는 교동에서 시작하여 부흥마을까지 약 2km에

이르는 길이다. '월화'라는 이름은 신라의 화랑 '무월'과 그가 사랑한 여인 '연화'에서 한 자씩 따왔다고 한다. 이곳은 원주와 강릉 간 도시철도 지하화 작업에 따라 지상에 발생한 유휴 부지를 활용하기 위해 진행된 사업의 일환으로 조성된 거리로, 6년에 걸친 공사 끝에 2019년 완공되었다. 사계절 특산물이 사람을 모으는 중앙전통시장을 잠시 들러 구경하고, 금성로를 따라 올라가면, 월화거리를 만날 수 있다.

월화거리 안내센터를 기준으로 남대천 방향으로 걷다 보면, 월화거리의 명물인 종이로 만든 등과 그 오른편으로 다양한 먹거리 상점이 보이고, 반대 방향인 교동 방향으로 발걸음을 옮기면 '임당'과 '금학'이라는 이름의 풍물시장이 펼쳐져 있다. 지역의 명물과 명물, 거리와 거리를 잇는 월화거

월화거리의 명물인
종이등은 어둠이
깔리기 시작한 후
진면목을 드러낸다.

리에서는 자연스레 지역민과 관광객이 어우러진다.

종이등 오른편으로 쭉 이어진 상점에는 최근 떠오르는 강릉의 명물인 닭강정과 커피 그리고 짬뽕빵을 파는 작은 가게가 관광객과 주민의 발걸음을 붙잡는다. 그 길을 따라 걸으면, 지금 걷고 있는 이 길이 월화거리임을 알려주는 'I ♥ WOLHWA STREET' 조형물을 볼 수 있다. 주위를 걷고 있

이 길이 월화거리임을 알려주는 I ♥ WOLHWA STREET 표지판. 파랑색 W자 위로 보이는 작품이 <남매>이다. 월화교를 걷다 보면 작가 김문기가 출품한 <여유>라는 작품도 만날 수 있다. 잔에 담긴 차를 다 마신 여성의 여유로운 시선을 따라가면 월화거리와 강릉 시내가 한눈에 들어온다.

도시, 다시 살다

는 사람과 앉아 쉼을 얻고 있는 관광객의 표정에서 여유와 낭만이 넘친다.

이 거리는 몇몇 재능 넘치는 작가의 작품을 구경할 기회도 제공한다. 〈여유〉, 〈남매〉 등 마음을 따뜻하게 해주는 예술 작품과 거리의 풍광은 부드럽게 어우러져 사람에 의해 만들어진 거리이지만 작위적이지 않고 편안하다.

신라 시대 화랑이었던 무월과 강릉 지방 토호의 딸인 연화는 사랑하던 사이였다. 신라 왕실의 명으로 강릉에서 일하던 무월이 경주로 발령을 받자 연화는 다른 사람과 혼인을 치러

남대천 위에 놓인 월화교는 교동과 부흥마을을 잇는다. 전통을 통해 부활한 현대적 상권이 커뮤니티로 이어지는 것이다. 그래서 이 월화교는 의미가 매우 큰 다리이다. 자동차는 통행할 수 없으며 오로지 사람만을 위해 디자인되었다.

월화정의 잉어상을 지나쳐 계속 걸어가면, 잘 정돈된 길이 나온다. 폐철로 위에 세워진 곧게 쭉 뻗은 길은 계속 걷고싶은 마음이 드는 신비한 힘이 있었다.

야 하는 상황에 놓이게 된다. 이에 연화는 자주 산책하던 연 못의 잉어에게 편지를 써서 주었는데, 경주의 한 시장에서 잉어를 산 무월이 잉어의 배를 가르자 연화의 편지가 나왔다 고 한다. 편지를 읽은 무월은 한걸음에 강릉으로 내달려 연 화와 혼인을 하게 된다는 것이 월화설화의 주요 내용이고 이 거리의 모티브가 되었다. 월화교를 건너자마자 만나는 월화 정에 잉어상이 있는 까닭이다.

남대천 위에 놓친 월화교는 교동과 부흥마을을 잇는다. 전 통 설화를 통해 부활한 현대적 상권이 지역 주민 커뮤니티로

도시, 다시 살다

이어지는 것이다. 그래서 이 월화교는 의미가 매우 큰 다리이다. 자동차는 통행할 수 없으며 오로지 사람을 위해 디자인되었다.

이 길 끝에는 아주 낮은 언덕에 포근하게 위치한 커뮤니티 마을, 부흥마을이 있다. 월화거리의 종점이다. 공동으로 밭농사를 하는 듯 크지 않게 펼쳐진 밭을 끼고 뒤쪽 언덕으로 마을이 조성되어 있다. 마을의 골목은 골목으로 이어지고, 거리가 가까운 집은 서로의 삶을 공유하고 있을 터이다.

역사에서 발굴한 무월과 연화의 이야기는 현대적 상권으로 부활했고, 이는 사람이 사는 커뮤니티까지 이어졌다. 월화거리를 찾는 방문객은 반드시 월화교를 건너 부흥마을까지 여정을 이어가야 한다. 도시재생 사업의 결과가 비자발적

이 길 끝에는 아주
낮은 언덕에 포근하게
위치한 커뮤니티 마을,
부흥마을이 있다.
월화거리의 종점이다.

이주를 강요하지 않고, 역사를 관통하고 사람을 위한 길의 끝에서 마무리되었다는 점이 이 도시재생 프로젝트의 의미를 되새기게 하기 때문이다.

조지아 주의 로즈웰 역사지구
(Roswell Historic District)

로즈웰 시(City of Roswell)에 관해 설명하기 전에 간단히 미국 지방정부의 계층에 대해 알아볼 필요가 있다. 알려진 것처럼, 미국은 50개의 주가 합쳐져 이루어진 연방국가이다. '주'를 뜻하는 영어 단어는 'state'인데, state는 원래 국가란 뜻이다. 따라서 미국은 50개의 국가가 연합하여 세운 연합 국가로 볼 수 있다. 주 정부를 우리나라의 경기도처럼 ─사실 우리나라는 지방정부가 없다. 법률적으로는 지방정부가 아닌 지방자치단체이다. ─ 미국의 지방정부(local government) 중 하나로 알고 있는 독자도 있을 것이다. 하지만 주는 지방정부가 아닌 그냥 주 정부이다.

미국의 가장 큰 지방정부 단위는 카운티(county)이다. 카운티는 도시화가 많이 진행된 시티(city)와 농촌 지역인 타운십(township) 등 작은 지방정부로 구성된다. 더 나아가 시티도 정부 기관과 금융 기관이 집적한 도심지(urban area)와 인접한 서브어반(suburban 혹은 suburb)으로 구분할 수 있다. 흑인이 일자리를 찾기 위해 도심지로 모여들자 원래 도심지에 살던 백인이 교외로 이주하면서 서브 어반이 미국 전역에서 개발되기 시작했다. 이 과정에서 고속도로의 건설과 자동차의 보급이 중요한 역할을 했다.

로즈웰은 조지아 주 풀턴 카운티(Fulton County)에 있는 시이다. 도심지가 아니라 애틀랜타의 서브 어반임에도 불구하고 조지아 주에서 여덟 번째로 인구가 많은 도시이다.

이 도시가 전국적인 명성을 얻고 '조지아 주에서 대표적인 살고 싶은 도시'로 발돋움한 이유는 역사지구(historic district) 안에 보존된 수많은 역사적 장소와 건물 때문이다. 이를 효과적으로 정비해 다양성이 넘쳐나고, 관광객이 끊이지 않으며, 공동체가 잘 발달할 수 있었다. 게다가 도시 정비 계획이 지역 주민의 참여로 진행되었기에 이 과정에서 지역 주민은 지역을 떠날 필요가 없었다.

로즈웰 역사지구는 차타후치 강(Chattahoochee River)에

로즈웰 역사지구는 차타후치 강
(Chattahoochee River)에 있으며, 위아래로
길게 뻗어 있는 모양이다. 이 지구 안의
수많은 역사적인 공간과 건물, 시설로 인해
미국 연방정부(U.S. National Park Service)로부터
역사지구로 지정을 받을 수 있었다.
(지도 출처: ci.roswell.ga.us)

있고, 위아래로 길게 뻗어 있는 모양이다. 이 지구 안에는 수
많은 역사적인 공간과 건물, 시설이 있어 미국 연방정부(U.S.
National Park Service)로부터 역사지구로 지정을 받을 수 있
었다. 지구 안의 역사적 공간과 건물, 장소는 연방정부의 허
가 없이 허물 수 없지만, 외관을 보존한 상태에서 리모델링
을 통한 보존과 상업적 활용은 가능하다. 이 경우 연방정부
는 세액공제 제도를 통해 적지 않은 금액을 소유주에게 보상

한다.

　로즈웰 시 당국은 역사적 공간을 활용해 공동체를 활성화시킬 방안을 고민해왔다. 그 결과로 조성된 몇몇 주요 공간을 소개하고자 한다.

　먼저 '배링턴 홀(Barrington Hall)'은 1839년에 그리스 복고풍 양식으로 건축된 건물이다. 로즈웰의 개척자인 로즈웰 킹(Roswell King)의 아들인 배링턴 킹(Barrington King)이 주거 목적으로 건축한 건물로서 1800년대 후반과 1900년대

배링턴 홀은 로즈웰의 개척자인
로즈웰 킹(Roswell King)의 아들인 배링턴
킹(Barrington King)이 주거 목적으로
건축한 건물로 조지아 주의 건물 중 가장
아름다운 건물로 손꼽힌다.

로즈웰 타운 스퀘어 광장은 야외
결혼식과 각종 콘서트, 예술
작품의 전시, 커뮤니티의 피크닉
공간으로 활용되고 있다.

초반에 지어진 조지아 주의 건물 중 가장 아름다운 건물로
손꼽힌다. 로즈웰 개척 당시는 대부분 배링턴 홀과 같은 그
리스 복고풍 양식으로 건물을 건축했다고 전해진다. 현재 이
건물은 로즈웰 시유지의 박물관으로서 주민에게 개방되고
있을 뿐만 아니라, 시민들에게 사랑받는 결혼식 장소로도 유
명하다.

로즈웰 타운 스퀘어 광장은 도시의 개척자인 로즈웰 킹에
의해 1839년에 건축되었다. 배링턴 홀과 건축 연도가 같다.

도시, 다시 살다

중앙 무대는 시어도어 루스벨트 대통령이 어머니의 어린 시절 생가 방문한 것을 기념하기 위하여 1905년에 추가 건설되었다. 현재 이 광장은 야외 결혼식과 콘서트, 예술 작품의 전시, 커뮤니티의 축제 및 피크닉 공간으로 활용되고 있다. 로즈웰 타운 스퀘어 광장에서 매년 열리는 맥주 축제는 지역 커뮤니티의 대표적인 행사로 자리 잡았다.

로즈웰 다운타운은 낡고 허름해 보이지만, 족히 100년의 이야기를 간직하고 있는 것 같은 건물과 작은 가게로 가득하

로즈웰 다운타운은 낡고 허름해 보이지만, 족히 100년의 이야기를 간직하고 있는 것 같은 건물과 작은 가게로 가득하다.
ⓒVisit Roswell Georgia

다. 이런 거리가 도시에 매력을 더하고 있으며, 커뮤니티의
삶을 풍요롭게 한다. 개발 대신 보존을 택한 커뮤니티는 그
혜택을 누리는 중이다.

오래된 공간마다 이야기를 창조하여 의미를 부여하고, 현
대적 활용 방안을 고민할 수만 있다면, 공동체의 파괴는 막
을 수 있다. 로즈웰이 긍정적인 예시가 되는 이유는 공동체
가 원하는 비전을 실현하는 정책의 개입이다. 정책의 개입이
공동체를 파괴하는 방향으로 흘렀다면, 지금의 로즈웰은 없
었을 것이다.

친구를 다시 만날 수 있는
골목을 꿈꾸며

우리가 골목과 거리에서 친구를 만나는 이유는 간단하다.
딱지를 치거나, 구슬치기를 하거나, 고무줄을 넘거나, 뛰어
놀기 위해서이다. 골목은 다양한 놀이 문화가 만들어지는 곳
이면서 이야기가 창조되는 곳이다. 그래서 골목은 그 시절의
역사가 가득하다.

그런데 도시의 건설 혹은 재건축 과정에서 우리의 골목이 철저하게 파괴되었다. 놀이와 이야기가 사라진 공간에 공동체가 형성될 리 없다.

충분히 개발했다. 이제 멈추고 놀이와 이야기를 복원할 시간이다. 그런 의미에서 강릉 월화거리와 로즈웰의 역사지구는 많은 생각거리를 던진다. 두 사례는 이질적이지만 공통점도 있다. 골목과 거리를 살리기 위해 이야기를 복원했다는 점이다. 두 도시는 역사를 통해 성인의 놀이 문화를 창조하고자 했다. 또 이런 상상력이 커뮤니티와 연결되도록 물리적으로 연계 방안을 구성하였다.

우리 도시의 골목들이 놀이와 이야기의 복원으로 회복되기를 소망한다.

벽화 그리기만으로는
부족해

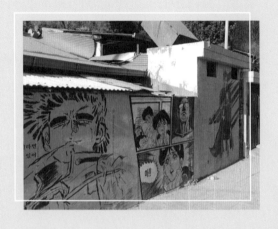

부산 감천문화마을과
전주 자만 벽화갤러리

도시의 색

"도시하면 무엇이 떠오르시나요?"

나는 도시에 대해 강의할 때마다 첫 주에 항상 이 질문을 던진다. 학생들은 저마다의 관점과 상상으로 도시에 관한 이미지를 이야기한다.

현대 도시를 거의 중증 환자로 취급하고 있는 난 도시의 부정적 측면이 부각되길 바라지만, 이 시대의 청년들은 도시를 긍정의 언어로 표현하려는 경향이 있다.

"도시에는 대형마트가 있어서 좋아요." 한 학생의 대답이다. 그 학생이 대형마트를 얼마나 많이 이용하는지 확인할 수는 없었지만, 사용 빈도와 상관없이 대형마트는 요즘 청년들에게 그렇게 부정적인 이미지가 아닌 것은 확실하다. 대형마트의 문을 닫아 지역 상권을 살리자는 정책에 적지 않은 청년이 반대 의견을 보인다.

"도시에는 영화 볼 곳도 많고, 먹을 곳이 많아서 좋아요." 대학생다운 대답이다. 나는 결혼을 앞두고, 처가가 있는 안성으로 이사를 했다. 지금은 개인적으로 꽤 살만하다고 느끼는 동네이지만, 20대에 처음 접한 안성은 그야말로 충격이었다. 신혼집으로 간신히 장만한 아파트는 너무 저렴해서 좋았다. 대신 아파트 진입로는 비포장도로였다. 영화 개봉관이 없었으며, 흔한 햄버거나 빵집 프랜차이즈도 없었다. 나는 놀기 위해 매주 서울이나 천안으로 향할 수밖에 없었다. 이 시대 청년은 영화 볼 곳과 마땅히 먹을 곳이 없는 지역에 살고싶어 하지 않는다.

매년 같은 주제의 강의를 하면서 언제나 던지는 질문, "도시하면 무엇이 떠오르시나요?"에 대한 학생들의 대답은 도시가 주는 편리함, 문화적 풍요로움, 경제적 부유함 등에 초점이 맞추어져 있다. 그런데 지난 학기 한 학생의 대답은 조금 달랐다. "교수님, 도시는 색이 똑같은 것 같아요. 회색이요." 학생의 대답을 듣자마자 학위 과정에 있을 때 도시의 색에 대해 지도교수님과 나누었던 대화가 떠올랐다.

도시를 연구하다 보니 여유가 있을 때마다 도시의 이곳저곳을 구경하는 것이 취미가 되었다. 학생 시절부터 갖기 시작한 이 취미는 지금까지 이어지고 있다. 요즘도 나는 피로가 몰려오고 스트레스가 쌓이면 처음 가본 낯선 공간을 걷고, 느끼고, 생각하고, 길에서 발견한 카페에서 차를 마시고, 처음 가본 동네 식당에서 밥을 먹는다.

클리블랜드 시는 미국의 대도시권 중 낙후가 가장 심한 도시이다. 하지만 인접 교외 지역을 방문하면 전혀 다른 풍경이 펼쳐진다. 서쪽의 교외 지역은 호수와 인접해서 호수가 주는 고즈넉함이 느껴지고, 동쪽의 교외 지역은 문화적 다양성이 풍부해 청년을 끌어당긴다. 남쪽의 교외 지역은 도시의 물리적 규모가 크기에 개발의 밀도가 낮아 환경 친화적이다. 도심지인 클리블랜드에서 멀어질수록 좋은 집과 멋진 건물이 많고, 가까울수록 깨진 유리창이 많다. 굳이 미국 교외화의 의의와 역사를 공부하지 않아도, 몇 번만 방문해보면 누구나 느낄 수 있는 것들이다.

계속되는 교외 도시의 방문을 통해 나는 한 가지 결론에 도달하게 했다. 낙후가 심한 도시일수록 색의 채도가 낮다는 점이다. 짙은 회색이거나 남청색의 느낌이 강했다. 문화적 선택일 수도 있고, 내 편견일 수도 있지만, 활기찬 도시의 색은 채도와 명도가 모두 높은 반면에 낙후된 도시는 어딘지

모르게 '회색'의 어두움이 감도는 느낌을 받았다. 도시의 색
이 마치 공동체의 활력을 상징하는 것 같았다.

도시 살리기의 시작

도시를 살리기 위해 도시의 색상을 바꾸는 예는 흔하
다. 태국 정부는 방콕의 전통을 상징하는 라타나코신 섬
(Rattanakosin Island)의 구도심에 신축되는 모든 건물의 색을
베이지로 통일하는 행정명령을 발표한 바 있다. 베이지색은
눈이 피곤하지 않은 편안함이 강점이다. 아시아인의 피부 톤
과도 가장 가까운 색으로 따뜻함, 휴머니즘, 포근함을 느끼
게 하는 색이다.

행정명령을 주도한 정부 관리는 기존 건물의 색은 바꿀 필
요가 없지만, 신축되는 모든 건물은 반드시 베이지색이어야
하고, 베이지색으로 계획되지 않은 건물은 건축 허가가 나지
않을 것임을 강조했다. 이런 조치는 구도심의 역사성을 더욱
강조함으로써 더 많은 관광객을 유치하여 궁극적으로 지역
의 재생에 기여하기 위한 것이라고 하였다. 무난하지만 따뜻

태국 정부는 방콕의 전통을
상징하는 라타나코신 섬의 구도심에
신축되는 모든 건물의 색을
베이지로 통일하는 행정명령을
발동하였다.

하면서 밝은 이미지인 베이지색의 선택은 신축 건물의 색이
너무 튀지 않도록 하여 기존의 건물을 강조하기 위한 것으로
해석된다.

라타나코신 섬의 구도심이 기존 도시의 재생을 위해 색의
통일성을 강조하고 있다면, 우리나라의 '아산 지중해 마을'

은 계획 당시부터 하얀색으로 조성되었다.

  아산시 탕정면에 있는 지중해 마을의 공식 명칭은 '블루크리스탈 빌리지'이다. 천안과 아산 중심지 사이에 위치한 탕정면은 비록 산업화 시대 개발에서 소외되어 경제발전의 혜택을 받지는 못했으나, 6·25전쟁의 상흔도 비켜갈 만큼 평온했다. 오랫동안 외부와의 큰 교류 없이 지역의 공동체가 유지되어온 탕정면이지만 대기업 계열사의 진출이 이어지면서 공동체는 급격히 와해되기 시작하였다. 이 지역에 살던

마을의 풍경은 아름답다.
하얀 건물과 파란 지붕을 한 건물이
주를 이루지만, 핑크색과 짙은 하늘색,
그리고 노란색 건물도 섞여 있어
색채감을 더하고 있다.

도시, 다시 살다

주민 수백 가구 역시 떠날 수밖에 없었는데, 그들 중 일부 지역 주민은 끝까지 남아 정부의 지원으로 마을을 조성해 살고 있다. 이곳이 바로 아산 지중해 마을, 블루크리스탈 빌리지이다.

아산 지중해 마을은 크게 산토리니, 프로방스, 파르테논 등의 세 가지 주제로 이루어져 있다. 산토리니는 우리나라의 모 음료 광고로 유명한 그리스 에게 해 최남단의 섬이며, 프로방스는 프랑스 남동부에 위치한 지역으로 지중해와 맞닿아 있다. 파르테논은 그리스 아테네의 신전이다. 블루크리스탈 빌리지는 이러한 지중해 주요 도시의 건축 양식을 모티브로 구성되었다.

이 마을의 풍경은 매우 아름답다. 이국적인 하얀 건물과 파란 지붕은 신비롭기까지 하다.

커뮤니티 개발 과정에서 색이 주는 의미는 세 가지 정도로 정리할 수 있다.

첫째, 공동체의 정체성 형성이다. 동일한 색은 동질감을 준다. 외부에서 쉽게 인식이 되는 마을의 특징이 생기는 것이므로 하나의 마을에 함께하는 주민이라는 의식이 싹터 공동체에 대한 애정이 생긴다.

둘째, 마을 주민 간 소통의 수단이 된다. 마을 주민은 색을 정하는 과정과 이를 활용하여 마을의 발전을 도모하는 과정에서 다양한 형태로 소통을 한다. 참여 의식이 싹트고 이는 공동체 발전에 큰 동력으로 작용한다.

마지막 셋째, 마을의 색은 공동체의 예술적 가치를 높임으로써 관광객 유치에 도움이 된다. 우리나라의 벽화마을은 축제로 연결되기도 하고, 벽화를 그리는 과정에 참여하는 예술인이 마을에 정착하기도 한다. 예술인을 활용한 다양한 사업의 진행은 궁극적으로 문화 공동체로서 기틀을 다지는 소중한 자산이 될 수 있다.

벽화마을의 조상, 부산 감천문화마을

부산광역시 사하에 있는 감천문화마을은 우리나라 도시의 역사에서 벽화마을의 조상과 같은 위치를 점하고 있다. 이곳은 도시재생 사례로서뿐만 아니라 관광지로도 유명해진 전국구 스타 마을이다.

도시, 다시 살다

감천문화마을은 반드시 파란 하늘이 모습을 드러낼 때 방문해야 한다. 하늘의 색은 사람 사는 곳의 색 그리고 바다의 색과 환상적으로 어우러진다. 나는 감천문화마을을 세 번 찾았는데 정말 신기하게도 모두 날이 흐렸다. 첫 번째와 두 번째는 비가 조금씩 내렸었고, 세 번째 방문은 잔뜩 구름이 껴 있었다. 그런데 바로 옆의 아미 비석문화마을을 한 바퀴 돌고 집으로 향할 때 즈음에 잠깐 파란 하늘이 마중을 나왔다.

감천문화마을은 반드시 파란 하늘이
모습을 드러낼 때 방문해야 한다. 하늘의
색은 사람 사는 곳의 색 그리고 바다의
색과 환상적으로 어우러진다. 세 번째
방문 만에 파란 하늘을 만났다.

지금이다 싶어 사진기를 꺼내 들고, 다시 마을로 뛰어 들어갔다. 감천문화마을에 관한 이 글을 처음 쓰기 시작한 지는 오래되었지만, 사진은 비교적 최근의 것을 사용하였다. 거의 6년에 걸쳐 글이 완성된 셈이다.

6·25 전쟁 당시 태극도 신도들이 단체로 이곳으로 피난을 와서 정착한 것이 감천마을의 시작이라고 한다. 태극도 신도를 중심으로 상권이 발달하면서 한때 3만 명 넘는 주민들이 사는 큰 마을이었다는데, 지금은 태극도의 발자취가 느껴지지 않는다. 2000년대 후반에 이르러 마을 인구는 1만 명 정도로 급감했다고 한다. 청년층의 태극도 이탈과 외환위기 이후 좋지 않은 경제 상황에 영향을 받은 것이 아닐까 추측한다.

쇠락해가는 바닷가 마을에 숨을 불어넣은 것은 '마을 미술 프로젝트 사업'이었다. 2010년 즈음에 예술가와 마을 주민 그리고 부산광역시와 중앙정부가 힘을 모은 결과 지금의 감천문화마을이 탄생했다.

멀리서 마을을 보면 '그림 같다'는 말이 절로 나온다. 너무 아름다워서 마치 사람이 살지 않는 세트장 같은 느낌마저 든

한 계단만 내려가면 현실 속 진짜
마을을 만날 수 있다. 공동체에 대해
공부하고픈 독자라면 감천문화마을을
더 가까이 들여다보길 권한다.

다. 하지만 한 계단만 내려가면 현실 속 진짜 마을을 만날 수
있다. 공동체에 관심 있는 사람이 멀리서만 감천문화마을을
보고 왔다면 가짜 얼굴만 보고 돌아온 것이라 할 수 있겠다.

　다만, 최대한 사진은 찍지 않았다. 우리 집을 배경으로 누
군가가 사진을 찍고 문 앞에서 우리 집에 대해 평가하며 떠
든다면, 반갑지 않을 것 같았다. 벽화마을 조성 초기에 적지
않은 수의 주민들이 이런 불편함을 이유로 마을을 떠났다.
주민이 떠난 자리에는 외지인이 상점을 열었다. 현재 감천문
화마을의 상가 중 상당수는 외지인의 손에 넘어간 것으로 보

인다. 관광객의 증가가 마을 주민의 경제력 향상과 직결되지 않은 셈이다.

하지만 희망은 존재한다. 주민협의체를 중심으로 마을기업을 창업하여 수익금을 주민의 복지에 사용하고 있고, 관광객의 윤리 관념도 조금씩 상승하고 있다. 벽화마을의 첫 사례이니만큼 이곳의 성공과 유지는 매우 중요하다.

전주의 숨은 보석, 자만 벽화갤러리

전주에서 학업을 이어가고 있는 제자가 전주 자만 벽화갤러리를 추천했다. 그는 현지인도 잘 모르는 벽화마을이라고 이곳을 소개했다. 바로 날짜를 정하고 운전대를 잡았다. 도착하니 현지인도 잘 모르는 이유를 바로 알 수 있었다.

이제는 우리나라의 랜드마크가 된 전주 한옥마을 공영 주차장 쪽에 오목대가 있다. 이곳은 이성계의 고조부인 목조가 살던 곳으로 이성계가 왜군을 무찌르고 개선하던 길에 들러서 유명해진 곳이다. 오목대로 올라가면 도로를 건널 수 있는 육교가 있다. 이 육교를 건너면 벽화갤러리가 나온다.

한옥 마을을 구경하는 데에 에너지를 모두 소진한 관광객
이 산에 있는 벽화갤러리까지 방문하기에는 벅찰 것 같다.
또한, 미리 벽화갤러리를 찾기 위해 검색하고 오지 않았다면
주차장이나 한옥마을은 고사하고 오목대에 올라서도 발견
하기 힘들 만큼 꼭꼭 숨어 있다.

우리나라 남부 지방에 위치한 대부분의 달동네가 그렇듯
이 이곳도 6·25 전쟁 당시 피난 온 사람들에 의해 형성되었
다. 자만 벽화갤러리는 전쟁 이후 마을에 완전히 정착한 사

오목대에 올라 찍은 사진이다. 미리
벽화갤러리를 찾기 위해 검색하고
오지 않았다면 찾기 힘들 정도로 꼭꼭
숨어 있다. 부산 감천문화마을은 한
컷에 전경을 담을 수 있었지만 이곳은
그럴 수 없었다.

람들과 그들의 아들, 딸 그리고 마을 공동체를 벽화로 살리기 위해 정착한 예술인들이 함께 모여 살고 있는 마을이다.

육교를 건너면, '놀다 가는 곳'이라는 이름의 카페가 나온다. 허름해 수명이 다한 것으로 보이는 조그마한 집이 카페로 새 삶을 얻었다. 카페를 지나면 이젠 등산을 해야 한다.

이 마을은 감천문화마을에 비해 훨씬 톡톡 튄다. 채도와 명도 모두 감천문화마을에 비해 높을 뿐만 아니라 벽화도 화려하다. 전반적인 통일성이 다소 떨어진다고 생각할 수도 있지만, '추억의 만화'라는 테마는 매우 흥미롭다. '달려라 하니(이진주, 1988)', '공포의 외인구단(이현세, 1986)', '영심이(배금택, 1990)'처럼 80년대 후반부터 90년대 초반까지 만화를

마을은 작지만
경사가 가파르다.
구두를 신고
벽화마을에
오르고자 한다면
약간의 각오가
필요할지 모른다.

도시, 다시 살다

'달려라 하니(이진주, 1988)',
'공포의 외인구단(이현세, 1986)',
'영심이(배금택 작, 1990)'처럼 80년대
후반부터 90년대 초반까지 만화를
품고 산 세대에게 이 공간은 추억과
감동 그 자체이다.

품고 산 세대에게 이 공간은 추억과 감동 그 자체이다. 다만,
'슬램 덩크'나 '시티 헌터'처럼 일본 만화의 벽화도 적지 않
아 비판이 좀 있겠다 싶었다. 그래도 관람의 방점을 '향수'로
잡는다면, 너무 불편하지 않은 마음으로 갤러리를 감상할 수
있다.

작은 마을이지만 세련된 민박집과 카페가 자주 눈에 띄어
발걸음을 힘들지 않게 한다. 원한다면, 하루 정도 마을에 머
물며 마을이 주는 학창 시절의 설렘을 조금 더 붙잡아 두어

도 될 것 같다. 대부분의 집과 카페가 자연과 잘 어우러진다.

자만 벽화갤러리의 가장 큰 의의는 청년 예술가를 품은 마을이라는 점이다. 이 마을은 조성 단계부터 청년 예술인과 함께 했다. 마을에 아이디어를 더하고, 벽에 그림을 그리며, 카페와 민박을 여는 모든 과정에 예술인들의 마음이 담겨 있다. 그래서인지 마을의 정체성이 만화이지만, 유치함은 느낄 수 없다.

마지막으로 한 청년 예술인의 작품을 소개하고자 한다. 다음 사진에서 소개하는 작품은 우리 세대 청년의 절망 속 희망을 그려낸 작품으로 ROSA라는 작가의 작품이다. 작가가 직접 쓴 작품 설명을 옮긴다.

"우리 청춘들이 마주하게 될 더 이상 절망적일 수도 더 이상 희망을 찾아볼 수 없는 시대. 그렇기에 자유로울 수도 있는 오늘, 여름날 태양보다 뜨거운 열정으로, 오월의 해살처럼 따스하고 찬란한 내일을 위해 청춘이므로 청춘이니까 해보자는 메시지를 물감에 녹여내다."

우리 사회에서 희망을 찾기 힘들었던 청춘들이 붓 하나 들

이 작품은 우리 세대 청년의
절망 속 희망을 그려낸 작품으로
ROSA라는 작가의 작품이다.
그림과 벽이 마치 만들어질
때부터 하나인 것처럼 느껴졌다.
청년 예술가들의 열정과 이
마을이 하나가 되었음을 선포하는
것 같았다.

고 이 마을을 찾았을 것이다. 희망이 없었기에 더 자유로운
영혼이 이곳에서 열정을 쏟아 냈다. 달동네라는 대한민국 사
회의 매우 독특한 장소. 서민의 고단한 삶과 아픔, 애환이 있
는 그런 장소에서 주민들과 청년 예술인들은 서로를 보듬어
이렇게 마을을 완성해 가고 있다. 이곳에서 작품들은 마을의
벽과 하나가 되어 있었다.

벽화 그리기만으로는 부족하다

2000년대 이후 골목길 재생과 마을 만들기 사업이 본격화되면서, 전국에 수많은 벽화마을이 조성되었다. 벽화마을이 없는 지역이 존재할까 싶을 정도로 벽화마을의 홍수였다. 일부는 전국적인 명성을 얻어 관광객이 끊이지 않지만, 대부분 벽화마을이 벽의 그림이 바래질 때까지 찾는 이 없는, 세금만 낭비한, 그리고 여전히 낙후된 공간으로 방치되었다.

도시재생을 벽에 그림 그리는 정도의 행위로 받아들이는 도시재생 문외한들에게 벽화마을은 도시재생과 커뮤니티 개발을 공격하는 빌미를 제공하기도 한다. 그래서 벽에 그림을 그리는 것만으로는 부족하다.

벽화 그리기가 공동체 활성화와 연결이 되어 공동체의 정체성에 긍정적으로 작용하고, 벽화를 활용해 창업한 주민의 사업체가 지역을 이끄는 선순환 구조가 조성되어야 한다.

벽화 마을은 외지인이 이익을 추구하는 공간이 되어서는 안 된다. 주민이 사업체를 이끌어야 경제 공동체가 형성된다. 수많은 비판 속에서도 꿋꿋이 지위를 잃지 않는 감천문화마을의 마을기업이 좋은 예이다.

그리고 이야기를 덧입혀야 한다. 이 시대를 관통하는 아픔을 치유하는 이야기라면 더할 나위 없이 좋다. 청년의 고민을 풀어낸 자만 벽화갤러리가 본보기가 될 수 있을 것이다.

벽화마을에서 벽화가 생명을 얻을지 말지는 벽화에 달려 있지 않다.

2장.

공간, 다시 살다

남은 건물 없음

**충남 당진의 아미미술관과
제주 명월국민학교**

팀(the team)

"유진, 어댑티브 리유즈(adaptive reuse)에 관한 책을 쓸 건데, 함께 할래?"

사이먼스 교수님이 내 조교 자리를 스치듯 지나가며 말씀하셨다. 이 제의는 나의 박사 과정 전반에 어마어마한 영향을 미쳤다.

프로젝트에 참여하게 된 연구원은 나를 포함해 4명이었다. 갑자기 소집된 우리는 어색하게 교수님의 연구실에 앉아 있었다. 잠시 후 은퇴가 얼마 남지 않으셨던 우리 학교의 저명한 레리 레더버 교수님(Dr. Larry Ledebur)이 미소 가득한 얼굴로 연구실에 들어오셨다. 사이먼스 교수님과 반갑게 인사를 나누시곤 앉아 있는 학생과 돌아가며 악수를 청하셨다. 레더버 교수님은 학교에서도 소문난 인격자셨다. 그와 함께 한다는 것만으로도 기대감이 생겼다.

우리의 인사가 끝날 무렵, 한 노신사가 연구실 문을 두드렸다. 개리 드와인(Gary DeWine)이라고 이름을 밝힌 그는 부동산 업계에서 오랫동안 컨설턴트로 활동했고, 지금은 은퇴 후 무엇을 하며 여생을 보낼지 6개월째 고민만 하고 있다고 자기를 소개했다. 노신사의 농담에 우리는 웃음이 터졌다. 주 저자 3명, 챕터 저자 2명 그리고 연구 보조원 2명으로 구성된 팀이 꾸려졌다. 팀 구성원이 모두 모이자 사이먼스 교수님이 입을 떼셨다.

"버려진 공간이 새로운 삶을 얻도록, 영감을 불어 넣어 볼까요?"

버려진 공간의 적응적 재활용(adaptive reuse)

'어댑티브 리유즈(adaptive reuse)'는 우리말로 표현하기가 쉽지 않다. 최근 도시 연구자와 활동가들은 '공간 업사이클링(upcycling)'이라 부르는 것 같다. 'adaptive'는 '적응하는'이란 뜻의 형용사이다. 그렇다면, 'adaptive reuse'는 '적응하는 재활용'이라 직역할 수 있겠다. 재활용이면 재활용이지, 적응하는 재활용은 무엇일까.

사람이 사용하던 다양한 공간. 예를 들어, 집이나 학교, 교회, 서점, 식당, 공장 등은 여러 가지 원인으로 기능을 상실할 수 있다. 새로운 주인을 빨리 찾으면 큰 문제가 되지 않지만, 긴 시간 동안 활용되지 않으면 적지 않은 문제가 발생한다. 기능을 상실한 공간은 관리가 되지 않는다. '깨진 유리창 이론'*을 통해 알 수 있듯이 관리가 되지 않는 공간은 범죄의 공간으로 변질될 수 있다.

관리가 되지 않는 공간을 방치하면 해당 공간뿐만 아니라 주변의 부동산 가격이 내려간다. 따라서 재산세 중심의 지방 정부 주머니 사정이 악화될 수밖에 없다. 이는 곧 투자 여력의 감소로 이어진다.

40대 이상의 독자라면 도심 속 흉가 전설을 하나씩은 알고 있을 것이다. 방치된 흉가에 얽힌 "지하 옷장에 시체가 있다."라거나 "살해당한 여인의 유령이 출몰한다."는 등의 소문이 마을 주민의 마음을 더욱 흉흉하게 만들었다. 이런 마을

---

* 미국의 범죄학자인 제임스 윌슨과 조지 켈링이 1982년에 발표한 이론. 깨진 유리창을 갈아끼우지 않고 방치하면 사람들은 그 장소가 관리 감독이 소홀한 곳이라고 여기고, 그 지점을 중심으로 범죄가 확산되기 시작한다는 사회문화 이론이다. 사소한 무질서를 방치하면 큰 문제로 이어질 가능성이 높다는 의미로 쓰인다.

에 자녀를 둔 부모가 살고 싶을 리 없다.

관리되지 않은 오래된 건물은 오염을 유발할 수도 있다. 주유소처럼 독성 물질을 보관하는 곳이 방치된다면, 공동체의 건강을 위협할 것이다.

사람은 누구나 새로운 것을 좋아한다. 멀쩡한 아파트에도 10년 정도 살고 나면 굳이 떠날 이유를 찾는다. 오래된 도시 인근에 도시가 건설되면 구도심 주민은 이주를 고민할 수밖에 없다. 자녀 교육 때문일 수도 있고, 돌봄 때문일 수도 있고, 부동산 투자 때문일 수도 있고, 가게 매출 때문일 수도 있고, 그냥 주위 지인이 이사한다니 고민될 수도 있다. 수만가지 다양한 이유로 도시의 공간은 빈다. 오래된 도시일수록 더 많이 빈다.

빈 건물에는 세 가지 선택지가 있다. 첫 번째 선택지는 방치된 건물을 허물고 새로운 건물을 신축하는 것이다. 이미 사람이 떠나기 시작한 도시가 많이 선택하는 최악의 대안이다.

두 번째 선택지는 남은 사람, 즉 마을에서 계속 사는 사람을 위해 커뮤니티가 원하는 공간으로 새롭게 꾸미는 것이다. 노동과 도시화 연구의 세계적인 권위자 리처드 세넷은《짓기와 거주하기》에서 현대 도시의 문제는 지어지는 건물과 실제 주민이 필요로 하는 건물의 균열에서 비롯되는 경우가 많다고 주장했다. 수없이 지어진 건물 중 공동체가 원하는 건물은 별로 많지 않다. 건물은 참 많은데 우리 아이가 갈 곳은 없다. 코로나19의 어려움 속에서 구도심에 사는 부모라면 더 크게 느낄 것이다. 부모가 직장에 있는 동안 아이는 집에 방치되거나, PC방을 전전한다.

세 번째 선택지는 자연에 돌려주는 것이다. 비어가는 도시에서는 이 방안도 괜찮은 대안이다. 구도심의 문제는 환경에 대한 고려와 배려가 거의 없다는 점이다. 옛날 도시계획에서는 공원이나 녹지가 충분히 확보되지 않고 너무 좁은 공간에 많은 시설을 집약시키다 보니 도시가 숨을 쉴 여유가 없었다. 도시가 숨을 쉴 수 있으면, 공동체는 신체적으로 건강해진다. 도시재생은 빈 도시를 채우는 과정이 아니라 도시를 잘 비우는 과정이다.

'적응적 재활용'은 두 번째 선택지에 초점을 맞춘다. 중요한 것은 '무엇에 적응할 것인지'이다. 공동체의 수요에 적응하고, 지역 경제 상황에 적응하며, 생태에 적응하는 것이 적

＊ 《짓기와 거주하기》 리처드 세넷, 김영사, 2020

응적 재활용이다.

적응적 재활용에 관한 책을 쓰기 위해 모인 우리 팀은 프로젝트 시작 시점엔 책의 제목을 'No Building Left Behind: Adaptive Reuse of Sacred Places and Schools'로 붙였다. 우리말로 번역하면, '남은 건물 없음: 신성한 장소와 학교의 적응적 재활용'이다. '남은 건물 없음'이 의미하는 바는 도시의 빈 건물은 지역의 상황에 맞게 재활용되거나 자연으로 돌려져야 도시가 건강해진다는 것이다.

우리 책의 제목은 최종적으로 'Retired, Rehabbed, Reborn: The America's Derelict Religious Buildings and Schools(은퇴, 복구, 재탄생: 미국의 버려진 교회와 학교)'로 결정됐다. 제목이 이렇게 바뀐 이유는 빈 건물의 재활용에 대한 사회적 논의가 확산되면서 'No Building Left Behind'라는 표현이 진부해졌다는 출판사의 조언을 받아들였기 때문이다. 이 책은 문을 닫은 교회와 학교의 재활용을 이론적으로, 실증적으로 사례와 함께 다루고 있다. 책의 일부가 발전하여 내 박사 학위 논문이 되었다.

폐교 재활용의 이정표, 당진 아미미술관

왜 아미미술관을 겨울에 갔을까. 지금도 후회하고 있다. 너무 추웠다. 미술관은 산 속에 있어 겨울바람이 특히 더 매서웠다.

아미미술관은 충남 당진에 있다. 찾아가는 길에 바다를 볼 수 있어 운전하는 시간은 매우 행복했다. 아미미술관 매표소 앞에는 차량 40대 정도 주차할 수 있는 포장되지 않은 주차장이 있다. 티케팅하고 처음 만나는 'Ami Art Museum' 현판은 바로 여기가 자타가 공인하는 폐교 재활용의 성지, 아

풍성하게 자라 간판을 뒤덮기
시작한 넝쿨이 자연 속 학교의
이미지를 강화하는 것처럼
느껴졌다.

미미술관임을 알려주고 있다. 풍성하게 자라 간판을 뒤덮기 시작한 넝쿨이 자연 속 학교의 이미지를 강화하는 것처럼 느껴졌다.

아미미술관은 '순성초등학교 유동분교'를 재활용한 것이다. 분교는 본교에서 분파한 학교를 의미한다. 학생이 많지 않은 섬이나 산속 마을에는 새 학교를 개교하는 것보다 분교를 설치해 본교의 교육 과정 중 일부나 전부를 진행할 수 있도록 하는 것이 행정적으로 효율적이었을 것이다.

하지만 지방 소멸이 가시화되고 학생 수가 급감하면서 상당수의 분교가 문을 닫는 운명을 맞이했다. 아미미술관의 관장님은 이미 문을 닫은 유동초등학교를 1994년부터 임대해 미술관으로 운영하다가 2000년에 최종적으로 매입하였다.

입구 너머 왼쪽으로 학교 본관이, 오른쪽으로 운동장이 보인다. 겨울이라 소나무와 앙상한 가지에 시야가 조금 가렸지만, 운동장이 보였다. 봄과 여름철의 풍성한 나무에는 운동장이 완전히 가려질 수 있겠다 싶었다.

본관 실내에 들어서면, 누구나 생각하는 그 모습 그대로의 학교 복도가 나온다. 아미미술관의 복도는 순백의 고운 빛깔로 다시 태어났으며, 마치 서까래 같은 천장의 나무 장식은

본관 실내에 들어서면, 독자가 생각하는 그 모습 그대로의 학교 복도가 나온다. 아미미술관의 복도는 순백의 고운 빛깔로 다시 태어났으며, 마치 서가래 같은 천장의 나무 장식은 백색의 복도와 어우러지고 있다.

백색의 복도와 어우러진다. 양쪽 벽과 교실 안에는 예술 작품이 전시되어 있다. 겉모습은 학교이지만 내부는 영락없는 미술관이다.

아미미술관에는 본관 외에도 두 개의 작은 건물이 더 있다. 본관 뒤편 건물은 많지 않았을 학생 모두를 위한 교육장으로 활용되었던 건물로 보이는데, 이 교육장 건물이 현재는 카페 지베르니(Giverny)로 재활용되고 있다. 겨울에는 몸을 녹이고 여름에는 시원하게 쉴 수 있는 작지만 소중한 공간이다.

지베르니에서 매표소 쪽으로 허름한 집이 한 채 있다. 선

지베르니에서 매표소 쪽으로
허름한 집이 한 채 있었다. 선생님의
사택으로 사용되었을 것이다.
지금은 아미미술관에서 예술 활동을
이어가는 청년 예술인을 위한
공간으로 재활용 중이다.

생님의 사택으로 사용되었을 이 공간은 청년 예술인을 위한 공간으로 재활용하고 있다. 아미미술관은 레지던시 작가(상주 작가)를 모집해 작품 활동을 위한 공간과 전시 기회를 제공하고 있다. 대중의 무관심에 전시의 기회를 얻지 못하는 이 시대 예술인의 필요에 '적응하여' 재활용되고 있는 공간이 아미미술관이다.

아미미술관의 하이라이트는 포토존이다. 이미 다양한 매체에 여러 번 소개되어 알고 있는 독자들이 많을 것이라 예상한다. 이 미술관을 찾는 가장 큰 이유가 이 포토존에서 사진을 찍기 위함이라 해도 과장은 아닐 것이다. 이런 포토존은 청년들이 특정 공간을 찾는 강력한 이유가 된다. 포토존은 공간의 본질과 품격을 흐리는 요소가 아닌 공간의 맛을 더하는 양념과도 같다. 원재료가 돋보이게 하는 것이 양념이라면, 어쩌면 포토존은 필수적일 수 있다.

아미미술관의 포토존이다.
미술관을 찾는 대부분의
사람들이 이곳을 그냥 지나치지
않고 셔터를 누른다.

초등학교가 아니라 국민학교인 이유,
제주 명월국민학교

1990년대 중반 즈음, 아마 대학생이 된 후가 아닐까 싶다. 국민학교를 초등학교로 바꾼다는 소식을 뉴스에서 접했다. 국민학교라는 명칭이 일본 강점기의 잔재라는 이유였다.

국민학교를 졸업한 모든 이들이 그랬듯 나 역시 처음엔 '초등학교'라는 단어가 입에 잘 붙지 않았다. 내가 졸업한 '명수대 국민학교'와 '명수대 초등학교' 사이에서 적잖은 방황을 했다. '있읍니다.'가 '있습니다.'로 변한 직후처럼 사회적으로도 혼용이 지속되었다.

그래도 이 혼란이 오래가지는 않았다. 언제부터인가 '국민학교'라고 하면, 나이 먹은 사람으로 자신을 인증하는 꼴이었으므로 최대한 신경 써서 "전 명수대 초등학교를 졸업했습니다. 지금은 흑석 초등학교로 이름이 바뀌었지요."라는 식으로 내가 졸업한 학교를 소개했다. 그런데 나처럼 '국민학교'를 졸업한 이들에게 '초등학교'는 정이 가지 않는다. 반면 국민학교는 길을 헤매다 이정표를 만났을 때처럼 편안하고 위로가 되는 힘이 있다.

3박 4일의 짧은 일정으로 제주도 가족여행을 갔을 때였다. 서귀포에서 일정을 마무리하고 제주공항으로 가는 길에 아내가 들를 곳이 있다면서 '명월국민학교'의 주소를 입력했다. 당시 렌터카 회사에서 제공한 내비게이션에는 등록도 되어 있지 않은 곳이었다.(방문은 이 글을 쓰는 지금으로부터 2년 전의 일이었으므로 지금은 등록되어 있을 수도 있다.)

나는 일단 한림읍 명월리로 차를 몰았다. 마을에 가서 길을 물어보면 알 수 있겠지 싶은 마음이었다. 주민들에게 물어보지 않아도 명월국민학교는 쉽게 찾을 수 있었다. 근처에 다다르자 매우 '뜨거운' 장소임이 한눈에 드러났기 때문이다.

그런데 국민학교가 맞기는 하지만 분위기가 조금 이상했다. 아내에게 들으니 지금은 '카페'로 재활용되고 있다고 한다. 공간 업-사이클링(내 입장에서는 adaptive reuse)이었다. 책을 준비하면서 대한민국 이곳저곳을 돌아다니고 있는 나를 위해 아내는 이곳을 방문지 목록에 올려놓은 것이었다.

이 공간은 아미미술관처럼 학교 본연의 모습을 간직하고 있다. 주차장에서 내려 본관 건물 쪽으로 시선을 돌리니, 운동장에서 놀고 있는 아이들이 보였다. 연을 날리기에도, 드론을 띄워도 좋을 만큼 넓고 확 트인 공간이었다.

명월국민학교는 국민학교의 특징을 고스란히
간직하고 있는 학교이다. 중앙 출입문을 중심으로
좌우로 날개가 펼쳐져 있다. 학생의 수가 많지 않을
시골에 위치한 학교이기에 단층으로 되어 있는
것 정도만 다를 수 있을 뿐 어디서나 볼 수 있는
국민학교의 특징을 지니고 있다.

　본관 너비의 열 배는 족히 넘을 듯한 넓은 운동장을 보고
있자니 뛰고 싶다는 생각이 들어 아들과 본관의 중앙 출입
문까지 뛰자고 했다. 아들과의 달리기 시합은 무조건 져줘야
함에도 이번만큼은 꼭 이기고 싶을 정도로 오랜만에 달려본
국민학교 운동장은 너무 좋았다. 예전 국민학교의 특징을 고
스란히 간직하고 있는 모습에 괜히 마음이 뭉클해졌다.

　중앙 출입문을 중심으로 좌우로 날개가 펼쳐져 있다. 학생
수가 많지 않은 작은 마을의 학교이기에 단층으로 되어 있는

　　　　　　　　　　　　　　　　　　　　　도시, 다시 살다

것 정도만 다를 뿐 어디서나 볼 수 있는 국민학교의 모습이었다. 바다 빛을 띠는 중앙 현관문과 건물 앞에 도열하듯 심어진 소나무가 아늑한 느낌을 주었다.

중앙 출입문을 기준으로 좌측으로만 출입이 가능했고, 방문 당시인 2019년 1월에는 우측 날개 건물은 아직 개관하지 않은 상태였다. 명월 출신 가수 백난아 기념관이 들어설 예정이라는 안내가 적혀 있었다.

건물 좌측 날개의 출입문으로 들어갈 수 있고, 카페로 바로 들어가는 출입문도 개방되어 있으니 그 문을 통해 건물에 들어가도 된다. 복도는 모두에게 익숙한 모습이다. 다만 뒤로 크게 난 창 아래에 바(bar)자리를 만들어 초등학교 뒤편을 보며 차를 마실 수 있게 해 놓았다.

학교 뒤편으로는 바다가 보인다. 카페 안에서 차를 마셔도 좋지만, 이 탁자에 앉아 어린 시절을 추억하며 오션 뷰를 감상해도 훌륭하다.

왼쪽 날개에는 세 개의 교실이 있다. 각각 '커피반', '소품반', '갤러리반'이라는 이름이 붙어 있다. 유추할 수 있는 것 그대로이다. 커피반은 카페이고, 소품반은 명월초등학교 방문을 기념할 수 있는 굿즈를 살 수 있는 잡화점이다. 갤러리

중앙에서 좌측 출입문을 향해
찍은 사진이다. 복도는 우리
기억 속의 그 초등학교 복도이다.
큰 창 앞에 앉으면 학교 뒤편의
모습과 푸른 제주 바다가 보인다.

반에서는 미술 작품을 감상할 수 있다.

난 커피반에서 추억의 과자 - 어른들에게는 '불량 식품'이
라 불렸던 - 를 미숫가루 라테와 함께 맛보고 폐교가 청춘에
게 사랑을 받는 장소로 지속할 수 있도록 응원하기 위해 굿
즈도 몇개 골랐다.

왼쪽 날개에는 매우 유명한 두 곳의 포토존이 있다. 제주
를 방문할 계획이 있는 독자라면 꼭 한 번 찾아 이곳을 기념
할 것을 권한다.

도시, 다시 살다

명월초등학교는 건물 밖을 둘러보는 재미가 매우 크다. 운동장에서 힘찬 뜀박질을 하고 나서 시원하게 물을 마셨던 식수대가 눈길을 끌었다. 물은 나오지 않았으나 그 시절을 떠올리며 입을 대보고 싶은 충동을 억누르기 힘들었다. 누군가는 허기를 달래기 위해 점심시간마다 향했던 식수대였을지도 모른다. 이유가 무엇이든지 이곳을 거쳐간 모두의 삶이 행복했으면 좋겠다는 생각이 들었다. 식수대 뒤로 보이는 푸른 제주 바다도 무척 인상적이었다.

학교 뒤편으로 가면 교육 기자재를 보관했을 작은 건물과 교실의 보온을 책임졌을 법한 나무 보관 창고가 나온다. 국민학교의 모습을 그대로 간직하기 위해 세심히 보존한 것을 알 수 있다. 주번은 이곳에서 나무를 받아다가 교실로 힘겹게 옮겨 난로에 넣었을 것이다. 난로 위에서는 도시락이 익어가고, 때론 고구마와 옥수수도 익어갔을 것이다.

적응적 재활용을 위해 기존 건물의 구조나 외관을 변경하는 것은 불가피하다. 하지만 건물의 새로운 기능에는 필요없는 것이라고 해서 구조물을 함부로 허물거나 폐기하는 것은 조심해야 한다. 누군가는 없어진 그 구조물을 그리워할지도 모른다. 혹은 그 작은 구조물 하나가 이곳을 상징하는 핵심

식수대가 눈길을 끌었다.
물은 나오지 않았으나 입을
대보고 싶은 충동을 억누르기
힘들었다.

요소가 될 수도 있다.

떠나기 전 마지막으로 갤러리반에 들어가 봤다. 중앙에 보면대 하나가 놓여 있다. 보면대 위의 '학교 인사'는 명월국민학교의 역사를 요약하고 있다.

이 학교는 1993년에 폐교되었다고 한다. 당시는 국민학교가 초등학교로 불리기 전이다. 명월초등학교가 아닌 명월국민학교로 이름이 남게 된 이유이다. 이 학교는 학교로서 운명을 다하는 순간에 초등학교가 아닌 국민학교로 불렸다.

그래서 지금까지도 명월초등학교가 아닌 명월국민학교이다.

별다른 글귀가 적힌 것도 아닌데 맨 마지막의 두 문장이 마음을 울린다.

"명월국민학교의 운동장에서 들리는 바람소리, 새소리, 나무소리를 귀로 듣고, 마음에 담아 가셨으면 합니다. 다녀가시는 모든 분들이 따뜻하고, 행복하셨으면 좋겠습니다. 명월국민학교 올림."

학교 뒤편으로 가면 교육 기자재를 보관했을 작은 건물과 교실의 보온을 책임졌을 법한 나무 보관 창고가 나온다. 국민학교의 모습을 그대로 간직하기 위해 세심히 보존한 것을 알 수 있다.

바람소리, 새소리, 나무소리 듣기 힘든 도시민을 위한 명월국민학교의 가슴 깊은 사랑이 제대로 전달되는 글귀였다. 특히, '명월국민학교 올림'으로 글을 맺고 있는 것도 따뜻했다. 개발자나 대표가 아닌 추억이 인사를 건넨다.

남은 건물 없음

두 명이 결혼하지만 한 명도 낳지 않는 시대이다. 가족을 구성해서 얻는 행복의 무게보다 삶을 지탱하기 위한 고뇌의 무게가 더 큰 현대 사회이다. 이제 대한민국의 절대적 인구도 감소하기 시작했다. 그래도 우리는 건물을 짓고 또 짓는다.

수없이 지어지는 아파트. 그러나 그 중에 내 집 한 채 갖기는 요원한 현실을 살다 보면 도시의 미래가 걱정될 수밖에 없다. 도시의 건물은 더 많이 빌 것이고 더 많은 사회문제를 만들어낼 것이다. 비어가는 도시를 현명하게 축소해나갈 필요가 있다. 필요 없는 공간을 자연으로 채우고 정말 보존 가치가 뛰어난 건물은 지역의 특성에 맞게 재활용할 수 있는 계획을 짜야 한다.

도시, 다시 살다

학교 건물은 상당히 큰 가능성을 지니고 있다. 커다란 운동장은 주차장 걱정을 덜어주고, 20~40명은 들어갈 수 있는 교실의 용도는 무궁무진하다. 마을 주민이라면 모두 알 만한 곳에 위치하고 있는 것도 장점이다.

학교 건물을 헐어버리지 않고 보존하는 결정은 분명 이곳에서 성장하고 추억을 쌓았을 수많은 졸업생들을 행복하게 할 것이다. 순성초등학교 유동분교와 명월국민학교 졸업생은 새로운 가치가 창출되고 새로운 기능으로 지역사회에 자리매김한 자신의 학교를 자녀에게 자랑하고 있을 지 모른다.

폐교의 재활용 결정은 쉬운 결정은 아니다. 국립학교는 소유권이 교육청이므로 재활용에 제약이 따른다. 사립학교는 매입 비용이 문제로 대두될 수 있다.

그럼에도 불구하고 아미미술관과 명월국민학교의 사례에서 보듯 폐교는 슬픔이 아닌 희망의 메시지가 될 수 있다. 앞으로 우리 사회에는 더 많은 폐교가 생길 것이다. 학생들이 떠난 학교가 지역의 문제를 해결하고 새로운 명소로서 다시 생명을 찾아 항해하길 기대한다.

다시 얻은 생명

러스트 벨트의 교회들

클리블랜드 모델

클리블랜드에서 5년 넘게 생활하며 이 도시를 경험했음에도, '클리블랜드 모델'이란 것이 있다는 이야기는 들어보지 못했다. 학위를 마치고 한국으로 돌아오니 클리블랜드가 보여준 지역 재생의 모델이 있다는 이야기를 언론을 통해 알게 되었다. 클리블랜드의 재생 사례를 연구하는 학자와 활동가가 있다는 소리도 들려왔다.

하루는 뜬금없이 지도교수님이 "유진, 왜 우리 학교의 도시학이 명성을 얻은 지 아니?"라고 물으신 적이 있었다. 클리블랜드에 산 지 2년도 안 된 당시의 내가 알 길이 없었다. 교수님은 "환자가 많으면 의사가 바쁘잖아. 도시의 꼴이 말이 아니어서 학자도 바쁘다 보니 발전한 거지."라고 하셨다. 웃으며 얘기하셨지만 뼈 있는 말이었다.

클리블랜드는 러스트벨트(rust belt)의 한가운데에 있다.

영어 단어 'rust'는 '녹'이란 뜻하고, 'belt'는 모양이 긴 지역을 의미하므로, 'rust belt'는 '녹이 슨 기다란 지역'이라 직역할 수 있다. 미국의 대표적 사양 산업이 몰려 있는 북서부와 북동부 지역을 의미하며, 대체로 왼쪽의 미시간주에서 시작하여 인디애나주와 오하이오주를 거쳐 펜실베이니아주까지 이르는 벨트 모형의 지역에 위치한 공업 도시를 '러스트벨트'라 부른다.

이 지역의 핵심 산업은 자동차 생산이었다. 포드(Ford)나 캐딜락(Cadillac)이 전 세계 자동차 시장을 주름잡던 1970년대와 80년대에 러스트벨트는 미국의 부를 상징했다. 하지만 독일 차가 고급 승용차 시장을 점령하기 시작하고, 가성비를 앞세운 일본 차의 공세가 거세지자 러스트벨트에 위치한 도시는 쇠퇴의 길로 빠르게 내달렸다. 클리블랜드도 마찬가지였다. 여기에 미국을 지탱하던 주요 산업이 제조업에서 금융으로 옮겨가게 되면서 러스트벨트 쇠락에 기름을 부었다.

러스트벨트가 쇠락한 이후 클리블랜드는 대규모 자본 유치와 개발을 통해 일자리를 창출하고자 했다. 2007년에 시작한 스틸야드 커먼스(Steelyard Commons) 개발 사업이 대

스틸야드 사진이다. 개발이 끝난 후
쇼핑몰 뒤로 여전히 가동되는 공장과
송전탑을 이은 어지러운 전선이
보인다. ©Hamilton Spectator Reports

표적이다. 공공투자와 민자 유치를 통해 자동차의 철강 재료
를 생산하던 공장 부지 일부를 대규모 쇼핑단지로 개발했다.
러스트벨트 가운데에서 도시 빈곤과 범죄로 신음하던 클리
블랜드의 새로운 시작을 알린 대규모 프로젝트였다. 하지만
스틸야드 커먼스 개발 프로젝트는 클리블랜드가 겪고 있는
다양한 사회 문제를 해소하기에는 턱없이 부족했다. 문제는
너무 깊고 넓었다.

클리블랜드에도 내세울 만한 자산이 있기는 있다. 대표적으로 이야기되는 것이 세 가지 있는데, 가장 큰 자산은 이 도시가 공업 도시이면서도 오래된 도시라는 점이다.

클리블랜드는 미국 건국 초기인 1700년대 후반에 개척되었을 만큼 긴 역사를 자랑한다. 긴 역사는 자연스럽게 도시 안(inner-city)과 교외 지역(suburban) 곳곳에 역사 유산을 남겨 놓았다. 역사 유산이라고 해봤자 반만년 역사를 자랑하는 우리나라의 문화재에 비해 초라하지만, 클리블랜드 지역 사회는 이를 소중하게 여기고 후세에 넘겨주려는 노력을 게을리하지 않는다.

두 번째 자산은 생명공학과 바이오산업으로 전환을 이룰 수 있을 만한 인적 자원이 준비되었다는 점이다. 클리블랜드에는 클리블랜드 클리닉(Cleveland Clinic)이라는 매우 유명하고 뛰어난 병원이 있다. U.S. News & World Report가 발표하는 병원 순위에 따르면, 25년간 심장 수술 분야에서 미국 1위를 놓치지 않았고 대부분 분야에서 상위 10위 안에 드는 수준 높은 병원이다. 케이스 웨스턴 리저브 대학은 생명공학 분야에서 미국 톱 랭커 대학이다. 이 대학의 대학병원도 수준 높은 의료 기술과 의료진을 보유하고 있다. 이런 도시 자산으로 클리블랜드는 의료와 돌봄, 생명 공학 분야로 도시를 새롭게 자리매김하고자 한다.

세 번째 자산은 지속해서 인구가 줄고 있는 도시이지만, 도시 곳곳의 커뮤니티 활동이 매우 활발하다는 점이다. 도시 빈곤이 클리블랜드 교외 지역까지 확대될 무렵에도 클리블랜드의 다양한 커뮤니티는 도시를 지탱하는 힘이었다. 특히 공동체 개발 회사(community development corporation: CDC)의 활약이 두드러지는 곳이 클리블랜드이다.

CDC는 공동체 활성화를 위한 프로그램이나 다양한 활동을 마을 주민에게 제공하는 것을 목적으로 하는 비영리 법인이다. 클리블랜드 시 안에만 26개의 CDC가 활동하고 있으며, 지역사회에서 발생하는 문제를 공동체와 함께 풀어가기 위해 노력하고 있다. 클리블랜드의 극히 일부 지역을 제외하고 모든 지역에서 CDC가 서비스를 제공한다.

국내에서 이야기하는 '클리블랜드 모델'이 정확히 어떻게 정의되고 있는지는 모르지만, 추측컨대 역사 유산과 인적 자원 그리고 공동체를 중심으로 한 도시재생 모델일 가능성이 높다.

교회가 문을 닫는 이유

기독교 국가를 자부하는 미국에서 2005년 이후 정말 많은 교회(성당 포함)가 문을 닫았다. 헤럴드 뉴스는 클리블랜드 가톨릭 교구가 224개의 성당중 29개의 문을 닫기로 하였으며, 41개의 교회는 통합을 고려하고 있다고 밝혔다. 이 뉴스가 들리자 우리 팀은 책의 빠른 출판을 위해 달리고 또 달렸다.

우리 팀은 교회가 문을 닫는 이유로 크게 세 가지를 지적했다. 먼저 교외화 현상(suburbanization)과 올드 타운의 쇠퇴이다. 백인이 구도심에서 교외로 이주하는 현상이 교외화 현상인데, 이 현상으로 인해 구도심에 있는 교회의 성도가 급감하게 되었다.

또 교외화 현상의 결과로 구도심의 인구 구성이 변하는 것도 한 원인으로 지적할 만하다. 새롭게 이주하는 인구는 주로 중국인과 베트남인으로 교회를 찾지 않는 국가의 이주민이 올드 타운에 정착하게 됨으로써 교회가 새로운 신도를 맞이하는 데 어려움을 겪는다.

마지막 원인은 미국인의 종교에 대한 애착 하락이다. '퓨

리서치센터(Pew Research Center)'는 7년 주기로 미국인의 종교 생활에 관한 설문 조사 결과를 발표한다. 가장 최근 발표인 2014년 결과를 보면, 미국인의 77%가 기독교 계열의 종교를 가지고 있다고 한다. 그런데 매주 예배에 참석하는 인구는 미국인의 36%에 지나지 않는다. 7년 전 조사인 2007년에는 39%였다. 예배 참석 비율이 점차 하락하고 있다. 이와 같은 현상도 교회가 기능을 상실하는 원인 중 하나이다.

교회 건물의 가치

미국 구도심에 있는 교회 건물은 보존 가치가 비교적 높은 것으로 평가된다. 러스트벨트의 오래된 도시에 있는 교회는 대부분 지어진 지 80년 이상 되었다. 건국의 역사가 250년이 채 되지 않는 미국에서 이 정도 나이의 건물이 유물 대접을 받지 않으면 그것이 더 이상하다.

대부분 도시 개척 초기의 마을은 시청과 교회를 중심으로 만들어졌다. 그래서 교회는 미국 사회에서 특별하다. 교회 재활용 사례를 조사하기 위해 교회 건물 주위의 주민을 만나서 이야기를 들어보면, 집 앞 교회에 출석하기는 내키지 않아도, 막상 허물어지는 것은 싫어하는 이중성을 보인다.

보존을 위한 열망 측면에서 교회는 학교를 뛰어넘는다. 적어도 미국 사회에서는.

클리블랜드 하이츠의 빨간 문 교회
(Red Door Church)

클리블랜드 하이츠(Cleveland Heights)는 클리블랜드 동쪽 면에 인접한 교외 도시 중 하나이다. 클리블랜드 동쪽 끝을 지나 부촌 교외 도시로 향하는 관문으로 1900년대 초반에 개척되었을 만큼 오랜 역사를 자랑한다. 인구는 클리블랜드 인근 지역에서 여덟 번째로 많고 오하이오주 전체에서 스무 번째로 많은 도시이다. 이 도시의 가장 큰 특징은 백인과 흑인의 비율이다. 전체 인구 중 백인이 약 50%, 흑인이 약 42% 정도이다. 아시아 인구도 5%에 달한다. 긍정적으로 보면 다양성이 넘치는 도시이지만 부정적으로 보면 클리블랜드의 도시 빈곤(urban poverty)이 클리블랜드 하이츠로 확산되고 있다고도 볼 수 있다.

최근 지역 재생에 대한 관심이 증가하면서 클리블랜드의 하이츠의 쇠퇴 속도가 느려진다는 소식이 들린다. 클리블랜드 클리닉과 대학병원이 클리블랜드 동쪽의 교외 지역에 자리하고 있는데 이곳에서 일하는 생명 공학과 의료 산업 종사자가 좋아진 환경으로 인해 클리브랜드 하이츠로 많이 이사했다고 한다. 현재 이 지역은 문화의 다양성이 숨 쉬면서 쇼핑 타운과도 가까운, 살기 좋은 도시로 평가받는 추세이다.

기록에 의하면 빨간 문 교회는 1932년에 건축이 시작되어 1936년에 완공되었다고 한다. 빨간 문 교회의 건물 크기는 대략 1,100㎡로 1층에 예배를 위한 공간이 있고, 지하에는 신도의 다양한 활동을 위한 방과 작은 세미나실이 있다. 총 부지의 넓이는 약 6,070㎡이었다. 예배 공간의 천장 높이는 약 11m로 크지 않은 중형 교회이다.

이 교회는 1950년대에는 약 300명의 신도가 출석했는데 2002년에는 50명이 채 출석하지 않는 상태가 되었고, 2005년 성도들은 교회의 문을 닫는 결정을 했다.

매각 절차를 밟을 당시 잘 보존된 아름다운 외관으로 인해 판매에 관한 문의가 많았다고 하는데, 다시 교회로 활용하고 싶다는 문의는 없었다고 한다. 그러다 마침내 가장 좋은 조건을 제시한 개발자에게 판매가 되었고, 젊은 의료계 종사자와 생명공학에 종사하는 고급 인력을 위한 콘도미니엄(condominium)으로 새 삶을 얻은 것이다.

문을 닫은 빨간 문 교회는 '더 브라운스톤즈 오브 더비셔(the Brownstones of Derbyshire)'라는 이름의 타운하우스형

빨간 문 교회의 건물 크기는 약 1,100㎡로 1층에 예배를 위한 공간이 있고, 지하에는 신도의 다양한 활동을 위한 방과 작은 세미나실이 있다. 예배 공간의 천장 높이는 약 11m로 크지 않은 중형 교회이다.
©Brickhaus

도시, 다시 살다

아파트로 거듭났다. 기존의 빨간 문 교회 건물은 다섯 채의
타운하우스로 변하였고, 주차장과 정원으로 활용되던 넓은
부지에는 10채의 새로운 타운하우스가 신축되어 총 15채의
타운하우스형 다세대 주택이 탄생했다.

　문을 닫은 후에 콘도미니엄[*]으로 새로운 삶을 얻은 이 교

---

* 미국에서 "아파트를 소유하고 있어요."라는 말은 맞지 않는 표현이다. 미국의 아파트
　(apartment)는 임대를 위한 다세대 주택을 의미하기 때문이다. 소유의 개념이 있는 다
　세대 주택은 '콘도미니엄'으로 불린다.

회는 전국적인 지명도를 얻고 있으며, 클리블랜드 하이츠 활성화의 시금석이 되고 있다.

버펄로의 아스베리 델라웨어 감리교회

버펄로 시는 러스트벨트의 오른쪽 가장 끝에 위치해 있다. 행정 구역상 뉴욕주의 이리 카운티(Erie County)에 속하는데 뉴욕주에서는 뉴욕 다음으로 큰 시이고 이리 카운티에서는 가장 큰 시이다.

나이아가라 폭포를 여행한 경험이 있는 사람이라면 버펄로 시가 매우 친숙한 이름일 것이다. 미국에서 나이아가라 폭포를 여행하기 위해 캐나다로 넘어갈 때 관문이 되는 곳이 바로 버펄로 시이기 때문이다.

관광업이 일찍부터 발달했을 것이라는 예상과 달리 버펄로는 미국 북동부의 대표적인 공업 도시였다. 지금은 나이아가라 폭포가 미국 동부의 대표적인 관광지로 손꼽히지만, 1900년대 초에는 수력 발전으로 더 유명했다. 이 때문에 버펄로 시의 별명이 빛의 도시(City of Light)였다고 한다.

도시, 다시 살다

나이아가라 폭포는 캐나다로 물류를 옮기는 입구 역할도 했다. 이리 운하(Erie Canal)의 건설을 통해 대서양에서 온 자재를 오대호를 거쳐 캐나다까지 수출하는 창구 역할을 한 것이다.

한편 버펄로는 미국 자동차 산업의 초창기를 이끌었던 도시이기도 했다. 하지만 1950년대를 지나면서 나이아가라 폭포에 대한 환경 보호 요구가 계속되어 수력 발전은 쇠퇴했고, 자동차 산업의 주도권은 피츠버그와 클리블랜드, 디트로이트에 빼앗겼다. 이후 도시는 급격히 쇠퇴하고 인구는 급감했으며 현재까지도 쉽게 회복이 안 되는 상태이다. 그럼에도 불구하고 버펄로는 1900년대 초반 경제호황으로 인해 인구가 집중되었던 덕에 대도시의 위상을 지키고 있다. 현재 이 도시는 재생과 관광 활성화를 통해 새로운 활로를 찾기 위해 노력하고 있다.

아스베리 델라웨어 감리교회는 1871년부터 1876년까지 2단계에 걸쳐 완성되었다. 1단계에서는 성직자의 주택과 성경 공부를 위한 방이 건설되었고 2번째 단계에서 예배를 드리는 본당이 건설되었다. 고딕 양식으로 건설한 교회는 성직

아스베리 델라웨어
감리교회는 버펄로 시의
중심가에 위치하고 있는
백 년의 역사를 자랑하는
교회이다. 현재는 콘서트홀과
아트센터로 활용되고 있다.
ⒸArchitizer

자 주택과 예배 공간을 합해 약 $1,486\,m^2$ 정도의 크기이다.
빨간 문 교회보다 약간 더 크다.

이 감리교회는 버펄로 시 중심가에 있다. 중심가에 위치함
에도 1980년대 초에 문을 닫아야 했을 만큼 도시의 상황이
좋지 않았음을 상징하는 장소이다.

100년의 역사를 지닌 교회가 문을 닫은 후에야 지역 주민
들은 교회의 역사가 이어지길 소망하게 되었다. 도시의 공무

원들도 다른 교회가 구매하길 원해 몇 차례 소유권이 다른 교단으로 넘어갔으나 다시 기능을 회복하지는 못했다. 이미 도시의 상황이 너무 좋지 않았다.

1990년대에 이르러 버펄로와 뉴욕을 기반으로 활동하던 가수인 애니 디프랑크(Ani DiFranco)와 그녀의 매니저인 스콧 피셔(Scot Fisher)가 라이티어스 베이브(Righteous Babe)라는 레코드사를 설립하여 법인을 통해 감리교회의 재활용 계획을 수립하기 시작했다. 비록 교회의 기능은 상실했으나 커뮤니티를 중심으로 교회 건물을 보존해 달라는 지역 주민들의 요청에 따라 레코드사는 최대한 외관을 보존한 상태에서 800석 규모의 콘서트홀을 구상하고 교회의 작은 방들은 녹음실과 연습실 그리고 음반 판매를 위한 공간으로 계획하였다.

내관의 수리에 들어갈 즈음에는 교회의 상태가 너무 좋지 않았다고 한다. 건물이 지어진 지 100년이 훌쩍 지났고 문을 닫은 후 관리 상태도 좋지 않았다. 그래서 처음 계획 단계보다 예산이 많이 들어갔다고 한다. 부족한 재정은 연방정부의 세액공제제도(tax credit)를 최대한 활용했고, 민간 투자도 유치했다. 그리고 2008년, 아스베리 델라웨어 감리교회는

예배를 드리던 본당이 콘서트 홀과
다양한 예술 공연의 공간으로
변신했다. 대관을 통해 수익을
창출하지만, 커뮤니티의 활동을
지원하기 위해 지역 공동체는
저렴한 가격으로 대관할 수 있다.

마침내 콘서트홀과 아트 센터로서 새 삶을 얻었다. 현재 이
곳은 커뮤니티를 위한 다양한 예술 활동이 이루어지는 공간
으로 지역 사회의 사랑을 받고 있다.

도시, 다시 살다

피츠버그 유니온 침례교회의
더 유니온 프로젝트

피츠버그는 펜실베이니아에서 필라델피아 다음으로 큰 도시로 앨레게니 카운티(Allegheny county)에 있다.

피츠버그는 유명한 것이 정말 많은 도시다. 러스트벨트를 상징하는 도시이면서도 세계적인 카네기 멜론 대학교와 피츠버그 대학교가 있는 교육 도시이기도 하고, 엘레게니 강과 오하이오 강, 미시시피 강이 흘러 각종 운하를 통해 오대호와도 연결이 되는, 물의 도시이기도 하다. 강과 운하를 건너기 위한 다리가 446개나 있어 다리의 도시(city of bridges)라고도 불린다.

피츠버그는 미국의 철강과 석판의 주산지로서 러스트벨트에서는 원재료를 공급하는 공급 기지 역할을 담당했다. 물론 원재료만 생산한 것은 아니고 알루미늄이나 유리 같은 중간 재료를 생산하는 공장 지대도 있다. 최근 관광업이 뜨고 있지만, 피츠버그는 명백히 미국을 대표하는 공업 도시이다.

1700년대 중반에 개척이 시작되었을 정도로 유서 깊은 도시인 피츠버그 시 곳곳에는 다양한 유산이 있다. 피츠버그는 러스트벨트의 쇠락 속에서도 경제적으로 기초가 튼튼한 도시로 평가받았으며, 2000년대 이후 경기 침체기에도 꾸준하게 일자리가 창출된 몇 안 되는 동부권의 도시로 인정받고 있다.

러스트벨트의 도시 중 가장 쇠퇴하지 않은 도시답게 도시 안의 경제 상황이 외부 충격에 크게 흔들리지 않는다. 이런 상황에서 피츠버그의 유명한 다섯 교회가 문을 닫고 개발자를 찾는다는 최근의 뉴스는 충격이었다. 1950년대 이후 발생한 교외화로 인한 교회의 상실은 피츠버그에서도 곧 사회 문제로 대두될 전망이다.

피츠버그의 유니온 프로젝트는 교회가 문을 닫은 후 새로운 생명을 얻는 과정에서 지역 공동체가 어떻게 참여하는지 본보기가 되는 프로젝트이다. 유니온 프로젝트가 진행된 교회 건물은 아름다운 고딕 양식으로 1903년에 건설되었다. 교회가 기능을 상실할 당시의 교회 이름이 '유니온 침례교회'여서 이후 지역 공동체가 진행한 프로젝트의 이름이 유니온 프로젝트가 되었다.

1990년대에 이르러 유니온 침례교회 신도들은 교회의 매각을 결정했다. 하지만 100년 가까이 된 이 교회를 매입할

유니온 프로젝트가 진행된 유니온
침례교회 전경이다. 교회가 기능을 상실할
당시의 교회가 유니온 침례교회여서 이후
지역 공동체가 진행한 프로젝트의 이름이
유니온 프로젝트가 되었다.

다른 교단이 나타나지 않아 10년 동안 빈 공간으로 방치되었다. 이 아름답고 고풍스러운 건물은 최종적으로 피츠버그 리더십 파운데이션(Pittsburg Leardership Foundation, PLF)이라는 피츠버그 지역을 중심으로 활동하는 비영리 단체에 매각되었다.

지역 리더를 양성하고 공동체 활성화를 위해 다양한 프로그램을 운영하던 PLF는 지역 주민과 함께 유니온 프로젝트를 진행하였다. 유니온 프로젝트의 핵심은 지역 주민과 함께 교회를 리노베이션하고 활용 계획을 수립하는 것이다. 이 과정을 도울 직원은 주민과 함께 모금을 통해 채용하였다.

초기 유니온 프로젝트에서 가장 유명했던 작업이 공동체와 함께 하는 스테인드글라스 복원 프로그램(stained glass restoration program)이었다. 지역 주민이 함께 스테인드글라

초기 유니온 프로젝트에서
가장 유명했던 작업이 공동체와 함께 하는
스테인드글라스 복원 프로그램이었다. 지역
주민이 함께 스테인드글라스 복원 기술을
배우고 이를 적용함으로써 비용을 아끼는
효과도 있었다.

ⓒUnionProject.org

스 복원 기술을 배우고 이를 적용함으로써 리노베이션 비용을 아낄 수 있었다. 유니온 프로젝트 홈페이지에 따르면, 약 100명의 지역 주민이 이 프로그램에 참여했으며, 참여한 주민은 사회적기업(social enterprises)을 창업하여 세라믹 공예와 유리 복원을 통한 사회적 가치 창출에 나섰다고 한다.

스테인드글라스 복원이 완료된 이후에도 교회는 지역 주민에게 유리에 그림을 그리는 방법이나 유리를 활용한 공예 교육과 캠프를 통해 공동체 활성화에 힘쓰고 있다.

2006년 교회의 소유권이 PLF에서 지역 주민 중심의 유니온 프로젝트 재단으로 옮겨졌다. 본격적인 '시민자산화'의 길이 열린 것이다.

여전히 교회의 리노베이션은 진행 중이다. 공동체가 많은 자본이 있을 리 없기에 리노베이션은 장기적인 관점에서 진행 중인 것으로 보인다. 현재 교회의 예배 공간은 대여가 가능하고 수익은 전액 교회의 리노베이션과 직원 월급에 사용되고 있다.

새로운 삶이 희망이 되려면

문을 닫은 후에 새로운 삶을 시작한 교회 사례는 러스트벨트 뿐만 아니라 미국 전역에서 쉽게 찾을 수 있다. 2000년대 중반을 지나오며 미국 도시재생의 트렌드로 자리 잡았다고도 볼 수 있겠다.

도시의 오래된 교회는 철거의 위기에서도 이를 보존하고자 하는 커뮤니티의 열망이 크다는 특징이 있다. 시멘트 덩어리면서도 커뮤니티의 사랑을 받는 지역 자산이 많지 않으므로 지역민들과 함께 할 수 있는 재생 '기획'은 필수적이다.

유니온 프로젝트가 그 방향을 제시하고 있다. 기획 단계부터 커뮤니티가 참여할 수 있는 길을 열어 놓는다면, 프로젝트의 성공 가능성은 높아진다. 커뮤니티의 참여가 새로운 일자리 발굴로 연결될 수 있다는 점에도 주목해야 한다.

빨간 문 교회는 전형적인 부동산 재개발 정책으로 인식될 여지도 있다. 하지만 이 사례가 명성을 얻게 된 이유는 지역의 비전과 재활용의 비전을 일치시킨 점 때문이다. 클리블랜드와 주변 교외 도시는 공업 도시를 탈피하고 의료가 중심이 되는 생명 공학 도시로 전환하고자 했으며, 이는 현재도 진행 중이다. 이 과정에서 젊은 의료인과 생명 공학 종사자에게 매력을 끌 만한 지역의 주택이 절대적으로 부족했다. 이에, 수요에 맞는 주택을 시장에 공급하여 성공 가능성을 높였다.

아스베리 델라웨어 교회는 기업가 정신으로 똘똘 뭉친 지역 출신 가수와 매니저의 노력이 재활용 성공의 열쇠였다. 오래된 도시에 부족한 커뮤니티 공간을 민간 영역에서 제공했다는 의의가 크며, 지역 공동체와 연결의 깊이가 더해질수록 활용도는 계속 높아질 것이다.

공간 업-사이클링을 통한 도시재생이 한국에서도 유행이다. 건물이 문을 닫은 후에 도시의 희망으로 되살아나는 법을 러스트벨트의 교회들로부터 배울 수 있다.

주민에게 돌아오다

**클리블랜드 퍼블릭 스퀘어와
대전 옛 충남도청사**

범죄학 연구의 성지

"형, 창 밖을 봐요!"

나도 잠결에 총소리를 듣긴 한 것 같았다. 하지만 꿈인 줄 알고 다시 잠을 청했는데, 같은 층에 살던 한국 학생이 초인종을 사정없이 누르며 밖을 보라고 소리쳤다. 간신히 일어나 커튼을 젖히고 밖을 보았는데, 처음에는 상황 판단이 잘 되지 않았다. 정신을 차려야겠다고 생각하고 눈을 질끈 감았다 떠보니 영화와 같은 장면이 눈앞에 펼쳐져 있었다. 사거리의 모든 방향을 경찰차가 막고 있었고, 총을 든 누군가는 경찰을 향해 겨누고 있었다. 당연히 경찰도 경찰차에 몸을 반 쯤 가린 채 범인으로 추정되는 사람을 향해 총을 겨누고 있었다. 그 광경을 보자마자 난 속으로 이렇게 생각했다. '여기에 계속 살아도 될까?'

유학 시절 나는 매우 저렴하고 작지만 학교에서 가까운,

혼자 생활하기에 나쁘지 않은 아파트에서 생활을 시작했다. 말이 아파트지 잠만 잘 수 있는 원룸 같은 곳이었다. 삶의 질보다 돈을 아끼는 것이 중요했던 시기였다. 클리블랜드의 다운타운이 이렇게 무서운 곳인지 모르고 1년 계약을 했는데, 영화의 한 장면을 목격한 그날 이후로는 1년 계약 기간이 끝나기만을 기다렸다. 클리블랜드의 밤은 정말 무서웠다.

계약 기간을 채우자마자 다운타운에서 최대한 멀리 떨어져서 살아보자는 마음으로 이사를 감행했다. 멀어지는 만큼 안전할 것만 같았다. 차로 30분은 걸려야 학교에 도착할 수 있는 가장 외곽의 교외 도시로 이사를 했다. 부촌은 아니어도 매달 나가는 월세가 만만치 않았다. 하지만 적어도 생명의 위협을 느끼며 살지는 않아도 되었다. 안전을 돈으로 산 셈이지만 평온이 찾아왔고, 이후 난 몇몇 안전한 교외 지역 아파트에 거주하며 유학 생활을 보냈다.

그러다 본격적으로 학위 논문 준비에 들어가면서 5분조차 아껴 써야 하는 시기가 찾아왔다. 이제 멀어진 통학 거리가 고민되기 시작했다. '안전함'과 '시간', 둘 중 하나를 선택해야만 했는데, 며칠의 고민 끝에 결국 난 '시간'을 선택했다. 다운타운 클리블랜드로 다시 돌아가기로 결정한 것이다.

다운타운 클리블랜드로 돌아오자 확실히 시간적 여유가 생겼다. 새로 이사한 아파트는 로비에 미국식 스포츠 펍(pub)과 식료품점이 있어서 간단히 친구와 술을 한 잔 하기도 나쁘지 않았고 시장을 보는 시간을 절약할 수 있어서 좋았다. 그러던 어느 날 밤 운전해서 아파트로 돌아오는 길에서너 대의 경찰차가 아파트 앞에 사이렌을 켜 놓은 상태로 주차되어 있는 것을 보았다. 나는 주차를 하고 빠른 걸음으로 내 방에 들어갔다. 밤 사이 별일은 없었다.

다음 날 경찰차가 우리 아파트에 장사진을 친 이유를 지역 뉴스를 통해 들을 수 있었다. 로비의 펍에서 총격 살인 사건이 일어났다고 한다. 클리블랜드 클리닉의 한 직원이 피살된 것이었다. 범인은 아내가 몸이 좋지 않아 병원을 찾았는데 지불 능력이 없어 보인다는 이유로 진료가 거절되어, 이에 앙심을 품고 병원의 직원을 총으로 쏜 것이라고 했다. 총격을 가한 범인은 그 자리에서 총을 바닥에 두더니 무릎을 꿇고 경찰에 신고하라고 소리쳤다고 한다. 살인을 저지른 후바로 자수한 것이다. 클리블랜드 클리닉이 영리 병원이라는 것을 이때 처음 알았고, 영리 병원은 진료를 거부할 수 있다는 것도 처음 알았다.

다양한 생각이 머리를 스치고 지나갔지만, 한 가지는 분명했다. 여기는 범죄학 연구의 성지, 다운타운 클리블랜드라는 것이었다.

시청 앞은 괜찮아

미국에 있는 동안 4대 강력 범죄(살인, 강간, 강도, 폭행)가 인구 조사 구역(census track)에서 모두 집계되는 유일한 도시가 클리블랜드라는 이야기를 자주 들었다.

이 글을 쓰며 '네이버후드 스카우트(Neighborhood Scout)'라는 통계 제공 사이트에서 검색을 해보니, 2020년을 기준으로 주민 1,000명 당 강력 범죄 발생 건수가 오하이오 주 전체는 2.93이었으나, 클리블랜드 도심 지역은 15.22로 무려 다섯 배가 높았다. 4대 범죄를 유형별로 나누어서 비교하면, 클리블랜드 도심지역이 오하이오 주 전체에 비해 살인은 4.8배, 강간은 2.9배, 강도는 6.1배, 폭행은 3.5배나 높았다.

하루는 버지니아 주립 공과대학(Virginia Polytechnic Institute and State University)에서 한국인에 의한 총기 난사

사건이 일어났다. 사이먼스 교수님은 한국인인 내가 신경 쓰이셨던 것 같다.

교수님은 매우 부드럽게 그러나 강한 어조로 말씀을 시작하셨다. "이 총기 사건은 그 녀석(총기 난사범)의 문제이지, 한국인이나 한국의 문제는 아니야. 걱정할 것 없어. 네 친구들(한국 학생들)에게 그렇게 말해주렴. 보통의 미국인은 총기 난사 자체에 분노하지 난사범이 가진 피부색에 분노하지는 않아." 위로와 안심이 되었다. 교수님은 말씀을 이어가셨다.

"이 사건은 오히려 미국과 미국인의 문제란다. 우리는 총기 사건이 일어날 때만 분노하지, 근본적으로 이 문제를 해결하기 위해 노력하지 않았어. 그래서 지금 미국은 어디나 위험한 나라가 되었지. 특히 밤에 더욱. 그런데 밤이 정말 위험한 다운타운에서도 안전한 곳이 있단다. 시청 앞은 괜찮아." 난 교수님의 말을 바로 받았다. "밤에도요?"

교수님은 강조하셨다. "응, 밤에도!"

범죄 도시 클리블랜드의 변신,
클리블랜드 퍼블릭 스퀘어

클리블랜드(Cleveland)라는 도시명은 이 도시를 개척한 장군이자 서부 개척시대 영웅(미국 입장에서) 중 한 사람인 모지스 클리블랜드(Moses Cleaveland) 장군의 이름에서 따왔다. 이상한 점을 눈치챘는가? 나는 처음 이 이야기를 접했을 때 왜 'Cleaveland'가 중간에 a가 빠진 'Cleveland'로 변했는지가 궁금했다.

조사해보니 몇 가지 설이 존재했다. 가장 유력한 설은 이 도시에서 가장 먼저 생긴 신문사가 도시의 건설을 선포하면서 신문 헤드라인으로 사용하기에 Cleaveland가 철자가 길고 어울리지 않아서 Cleveland로 표기한 것이 도시의 이름이 클리블랜드로 굳어진 계기라는 것이다. 사이먼스 교수님도 이 가설을 가장 유력하게 믿고 있었다. 그런데 아무리 생각해도 좀 이상했다. 알파벳 a가 하나 더 들어갔다고 해서 어울리지 않는다니. 어쩌면 단순히 오타였을 수도 있겠다는 생각이 들었다. 나중에 찾아보니 실제로 오타설도 유력한 가설 중 하나라고 한다. 만약 오타가 맞다면, 신문사의 오타가 도시의 역사를 바꾼 것이다.

클리블랜드 장군이 도시의 시조인데, 시조라 부르기에는 약간 부족해 보인다. 알에서 깨어난 신화까지는 아니더라도, 그럴듯한 미담도 존재하지 않는다.

클리블랜드 장군은 코네티컷에서 태어나 그곳에서 삶을 마감했다. 주요 업적 중 하나가 코네티컷 주민 중 새로운 도시로 이주하고 싶은 주민을 클리블랜드로 인도한 것이다.

미국 개척 시대에는 주민의 이주가 매우 활발했다. 보통 황무지를 개척해 돈을 벌고 싶은 이들이 이주를 택했다. 클리블랜드 장군은 주민을 이끌고 클리블랜드에 도착한 후 얼마 지나지 않아 고향으로 돌아갔다.

클리블랜드 장군은 코네티컷에서 선박을 이용해 이리 호수(Lake Erie)를 건너 개척할 땅을 탐사하던 중 지금의 클리블랜드에 도착한 모양이다. 지리적으로 클리블랜드는 이리 호수와 인접해 있고 쿠야호가 강(Cuyahoga River)이 지역을 가로지르며 흘러서 물류의 중심이 될 가능성이 충분해 보였을 것이다. 또 멋진 산 −지금의 쿠야호가 밸리 국립공원− 도 있기에 관광지로의 가능성을 발견했을 수도 있다. 하지만 초기 정착이 순조로웠던 것은 아니다. 장군의 입장에서 생각

퍼블릭 스퀘어에
있는 클리블랜드
장군 동상.
뒤로 시청 건물이
보인다.

을 해보면, 개척의 성공을 장담할 수 없었을지도 모른다. 초
기 정착만 지원하고 이후 자신의 고향으로 돌아간 것만 보아
도 인디언과의 갈등이나 초기 건설의 재정 문제가 도시 건설
의 실패로 이어질 수 있다는 고민을 했을 수 있다.

정확한 의중을 파악할 수는 없지만, 클리블랜드 장군은 생
각보다 일찍 고향으로 돌아갔다. 그래도 퍼블릭 스퀘어에는
이 장군의 동상이 세워졌고, 클리블랜드 주민은 이 동상을
자랑스럽게 생각한다. 미담이 충분하지 않아도 '시작' 그 자
체에 의미를 두는 주민이 많다고 한다. 클리블랜드의 시작에
감사하고, 클리블랜드라는 브랜드가 온갖 아픔과 역경에도

도시, 다시 살다

역사를 이어갈 수 있음에 존경을 표하는 것이다.

클리블랜드는 한때 돈이 많이 도는 도시였다. 그러나 산업의 쇠퇴로 일자리가 사라지면서 인구가 급감했고 이는 결국 도시의 재정난으로 이어졌다. 위기는 심각했지만 지금은 도시의 회복을 위해 도시 정부와 활동가 그리고 주민이 모두 함께 노력하고 있다. 그 중심에는 다운타운 클리블랜드 동맹(Downtown Cleveland Alliance: DCA)이 있다.

DCA는 다운타운 클리블랜드를 가장 살기 좋고(live), 일하기 좋으며(work), 즐기기 좋은(play) 도시로 만들기 위해 출범한 비영리 기구이다. '연합'으로 번역할 수도 있지만, 단순한 조직체 이상으로 공동의 목표를 실현하고자 하기에 '동맹'으로 번역하는 것이 더 자연스러운, 다운타운 클리블랜드를 살리기 위해 모인 '결사체'라 할 수 있다. 이 단체의 이사진 구성이 이색적인데 이를 이해하려면 단체의 역사를 이해할 필요가 있다.

1993년에 클리블랜드 인디언즈(프로야구)와 캐버리어즈(프로농구)를 위한 경기장이 신축되었다. 클리블랜드 역사에 손꼽히는 대규모 토목 사업이었는데, 인디언즈와 캐버리어

클리블랜드 퍼플릭 스퀘어(시청 앞 광장)의
전경이다. DCA와 시 정부의 노력으로
우범 지역이었던 광장이 주민의 품으로
돌아왔다.

즈의 구단주는 이를 계기로 도시가 새로운 발전의 모멘텀을
마련해야 한다는 데에 뜻을 같이 했다.

두 프로구단의 사업 파트너와 지역 유지, 시청 공무원과
의회 지도자, 역동적인 학자 등은 비영리 조직으로 한 데 모
여 다운타운 클리블랜드를 살리는 다양한 사업을 논의하기
시작했다. 이렇게 DCA는 닻을 올렸고, 지금까지 계속되고

도시, 다시 살다

있다. 현재 DCA의 이사진에는 인디언즈와 캐버리어즈의 관계자가 포함되어 있고, 이들의 사업 파트너도 다수 포함되어 있다. 인디언즈와 캐버리어즈 구단이 DCA의 가장 강력한 후원자인 것은 어찌 보면 당연하다.

30년에 이르는 DCA의 헌신으로 범죄 도시 다운타운 클리블랜드에 희망이 보이기 시작했는데, 이 조직이 가장 중점적으로 진행하고 있는 사업이 '퍼블릭 스퀘어 살리기'이다.

클리블랜드의 시청 앞 광장인 퍼블릭 스퀘어는 한때 범죄도시 클리블랜드의 으뜸 우범 지역이었다. DCA는 다양한 사업을 통해 이 지역을 변화시켰다. 예를 들어, 부설로 경영개발 센터(Business Development Center)를 개설하여 클리블랜드에서 창업을 하고자 하는 자영업자의 경영 능력을 향상시키기 위한 창업 컨설팅을 진행했다. 건전한 사업체가 퍼블릭 스퀘어 인근에 안착할 수 있도록 돕고, 구직자의 취업도 돕기 위한 것이었다. 또한, 자전거 스테이션 개발을 통해 자전거 문화를 확산하여 퍼블릭 스퀘어 주변의 안전성을 높이고, 광장 공원이 낙후되지 않도록 지역 사회와 연계하여 꾸준히 관리를 하고 있다.

DCA가 주최하는 대표적인 행사는 '라이트닝 업 클리블랜드(Lighting Up Cleveland)' 축제이다. 수십만 개의 전구가 시청 앞 광장을 밝히는 이 축제를 위해 지역의 전기 기술자 60명이 동원되는 것으로 알려졌으며, 전구 설치에만 일주일이 걸린다고 한다. 축제를 위해 80명의 자원봉사자가 헌신하고 있으며 지역 사회도 적극 나선다. 매년 11월 마지막 주에 열리는 이 겨울 축제는 다운타운 클리블랜드의 회생에 대한 주

DCA의 시그니처 행사는 다운타운 클리블랜드의 겨울 축제로 자리 잡은 수백 개의 전구가 시청 앞 광장을 밝히는 라이트닝 업 클리블랜드(Lighting Up Cleveland) 축제이다.
ⓒCleveland Punblic Square

민과 시 그리고 DCA의 소망이 담겨 있다.

시를 이끄는 리더십과 혁신적인 기업가, 지역 주민, 자원
봉사자가 총체적으로 함께하는 '동맹' 덕분에 희망의 불씨를
볼 수 있었다. 다운타운 클리블랜드의 미래를 기대하며, 이
런 회복이 클리블랜드 지역 곳곳으로 확산하길 소망한다.

권위를 벗고 문화를 입다,
대전 옛 충남도청사

대전시가 대전직할시(현재의 광역시)로 승격한 1989년 이
전까지 대전시는 충청남도의 도청 소재지였다. 1990년, 대
전시가 광역 행정 구역으로 분류되면서 자연스럽게 도청 이
전 문제가 불거졌고, 결국 2012년에 대전시에 있던 충남도
청사는 내포 신도시로 이전했다.

현재 옛 충남도청사는 도서관과 전시 기능이 결합한 새로
운 복합 문화 공간으로 재탄생하여 주민 곁으로 돌아왔다.
이 건물은 일제 강점기에 일본인 건축가들이 관여해 지어졌
다. 그래서 우리의 전통적인 색채보다 제국주의 일본의 권위

와 위엄을 강조한 느낌이 강하게 드는 건물이다.

당초 2층으로 준공되었던 옛 충남도청사는 1960년 3층으로 증축되어 오늘에 이르고 있다. 이 건물은 일제 강점기 청사 건물의 전형이지만 건물 곳곳에 새겨진 문양과 건축 양식이 보존 가치를 인정받아 대한민국 국가등록문화제 제18호로 지정되었다.

옛 충남도청사는 우리 민중의 설움과 아픔, 고통과 고난이 곳곳에 묻어 있는 공간이다. 수탈의 공간이었던 공간이 행정

도청사 2층의 중앙 테라스에서 밖을
바라보면 매끄럽게 쭉 이어진 도로를 만날
수 있다. 이 길을 따라 걸으면 대전천을
지나 대전역 광장에 이를 수 있다.

도시, 다시 살다

옛 충남도청사 건물. 일제 강점기에
일본인 건축가들이 참여한 탓인지
제국주의 일본의 권위와 위엄을 강조한
느낌이 강하게 드는 건물이다.

의 본거지로 활용되다가 6·25 전쟁 당시에는 육군본부 건
물로도 활용되어 우리나라의 굴곡진 현대사에 분명한 흔적
을 남겼다. 아픔을 고스란히 간직한 공간이지만 아픔조차 역
사이므로 이 건물의 보존은 의미가 크다.

이 건물 2층의 중앙 테라스에서 밖을 바라보면 매끄럽게
쭉 이어진 도로를 만날 수 있다. 이 길을 따라 걸으면 대전천
을 지나 대전역 광장에 닿는다.

옛 충남도청사는 대전 중심가 어디에서도 볼 수 있는 위치
에 있다. 도로의 끝에서 만날 수 있는 건물, 위엄과 권위가 본

질처럼 느껴진다. 일본의 관리는 이 건물의 2층에서 시내를 내려다보며 마치 조선을 다 가진 것 같은 착각에 빠져들었을지도 모르겠다. 반면 이 길 위의 민중은 이 건물을 바라보며 하염없는 무력감을 느꼈을 것이다.

이 건물은 재활용에 있어 큰 제약 조건이 있다. 대전시에 위치한 청사 건물이지만, 소유가 대전시가 아니기 때문이다. 도청사를 내포 신도시로 옮기기로 한 후부터 이 문제는 뜨거운 감자였다. 대전시는 과연 이 건물을 어떻게 매입하여 어떻게 재활용할까, 매입부터 상당한 비용이 들 것이 분명했다.

현재는 정부가 매입하여 대전시에 무상으로 장기간 활용할 수 있도록 제공한 것으로 알려져 있다. 대전시는 이곳을 예술가들의 창작 공간과 수업이 이루어지는 플랫폼으로 만들겠다고 발표했다. 지금은 도시재생 부서와 서민금융지원을 위한 센터 그리고 일부 공간은 만화웹툰창작센터로 활용되고 있다.

각진 외부와 달리 내부는 곡선미를 강조하는 아치형이다. 근현대의 우아함이 묻어나는 것을 부인할 수는 없다. 특히 입구에 들어서자마자 눈길을 사로잡는 계단은 이 건물의 정점이다. 이 계단은 일제 강점기가 시대적 배경인 드라마나

입구에 들어서자마자 눈길을
사로잡는 아치형의 계단은
이 건물의 정점이다. 이 계단은
일제 강점기가 시대적 배경인
드라마나 영화에 자주 등장한다.

영화에 자주 등장한다. 공간의 대표적 포토존 역할을 담당하고 있으며, 이 계단이 등장한 드라마와 영화 중 한 토막을 추억하게 하는 특별한 장소다.

건물의 외관뿐만 아니라 실내도 대부분 보존되었다. 복도를 마주한 느낌 자체는 지은 지 오래된 대학교나 고등학교 같다. 이 복도가 근대를 지나면서 우리나라 청사 건물의 표준이 되었다고 생각하니 구석구석 자세히 보게 되었다. 빛이 많이 드는 창문이 인상적이고, 수 차례 보수 공사가 있었겠지만, 현대적인 느낌을 주는 창틀도 아름다웠다.

청사 건물이어서 상당히 많은 방(사무실) – 마치 교실 같은
느낌이다. – 이 있다. 그중 예술 작품이 전시된 방도 적지 않
았지만, 대다수의 방은 비어 있었다. 이 공간의 가능성이 풍
부함을 알려 주는 지표 같다는 생각이 들었다. 공간마다 문
화의 꽃이 필 미래가 기대된다.

건물 자체는 상당히 권위적이다. 최근 지어진 건물들에서
는 느껴지지 않는 압도당하는 느낌마저 든다. 그럼에도 불구

청사 건물이어서 여러 개의
방(사무실)이 있다. 그 중 예술
작품이 전시된 방도 적지
않았지만, 많은 방이 비어
있었다.

도시, 다시 살다

하고 이 건물의 미래를 예견하는 공간을 만날 수 있었다. 바로 '만화웹툰창작센터'라는 팻말이다.

이 건물은 이제 권위를 벗으려 한다. 창조성과 문화라는 날개를 달고 도시와 함께 날아오르는 플랫폼으로 진화하려 한다. 권위와는 가장 동떨어진 예술의 영역이 바로 '만화'아 닐까. 만화웹툰창작센터는 이 건물이 추구하는 미래가 아닐 까 하는 생각이 들었다.

오래된 건물은 저마다의 사연이 있다. 옛 충남도청사는 아 픈 우리의 삶이 스며 있는 곳이다. 권위와 위엄의 상징으로 일본의 제국주의가 연상되는 면이 존재한다. 외관과 내부 모 두에서 우리의 전통보다 일본의 권위가 먼저 떠오른다.

하지만 이곳은 6·25 전쟁을 거치고 대전시 부흥을 지켜 본, 대전시민의 애환이 깃든 건물이기도 하다. 이제 그 공간 이 권위를 벗고 문화를 입으려 한다. 수많은 작품이 이 공간 에서 탄생하고 전시되어 한국 문화의 새로운 도약을 이끌어 갈 그 날을 기대한다.

주민에게 돌아와야 할 공간

클리블랜드 퍼블릭 스퀘어는 범죄 도시 다운타운 클리블랜드 한복판에 있다. 영광스런 클리블랜드의 역사와 문화유산을 간직한 곳이지만, 언제 어디서 범죄의 희생양이 될지 모른다는 생각에 광장은 광장으로서 기능을 상실한 지 오래되었다. 클리블랜드가 무엇인가를 처음부터 다시 시작해 과거의 영광을 되찾고자 한다면, 당연히 퍼블릭 스퀘어를 주민에게 돌려주는 일부터 해야 했고, 그 일을 해냈다. 이젠 밤조차도 "시청 앞은 괜찮아!"라는 평가가 나오기 시작한 지 꽤 되었다. 광장이 주민 품으로 돌아온 것이다.

시청과 같은 공공건물은 주민이 다가가기에 쉽지 않은 건물이다. 권위적인 건축 양식과 폐쇄적인 실내 공간은 때로는 숨이 막힐 지경이다. 건축 양식만 권위적인 것이 아니라 그 안에서 다루어지는 사무도 권위적이고, 사무를 처리하는 사람도 권위적이다. 그런데 이런 흐름이 서서히 바뀌고 있다. 주민의 세금으로 운영되는 건물의 주인은 당연히 주민이어야 한다. 안전을 핑계로, 청소를 핑계로, 운영 시간을 핑계로, 민간이 위탁 관리하고 있다는 이유를 핑계로 주민의 넘치는 욕구를 막아서면 안 된다.

도시에는 수많은 공공건물이 있다. 그 중 적절한 활용 방안을 찾지 못해 길을 잃은 건물이나 사용되고는 있으나 활용도가 너무 낮아 무슨 일에 사용되는지조차 가늠하기 어려운 건물도 적지 않다. 가장 먼저 주민 품에 돌아와야 할 공간은 광장과 공공건물이다. 공공건물이 나라의 소유라는 권위를 벗고 주민에게 돌려줄 방법을 찾아야 할 때다.

담배 팩토리에서
예술 팩토리로

대구예술발전소와 청주 동부창고

맥신 굿맨 레빈

폐쇄된 교회를 가장 현명하게 활용하는 일은 당연히 교회로 다시 사용하는 것이다. 하지만 이주해 오는 인구보다 떠나는 인구가 훨씬 더 많은 올드 타운의 상황이 이를 허락하지 않는 경우가 대부분이다.

책과 학위 논문을 쓰기 위해 기능을 상실한 후 다른 용도, 예를 들면, 콘도미니엄이나 서점, 바(bar) 등으로 사용되는 사례를 수집해야 했다. 사례 연구를 위해서라면 소수의 사례만 조사하면 될 터였지만, 통계 분석을 하고자 했으므로 최대한 많은 사례를 수집할 필요가 있었다. 작업 초기만 하더라도 몇 개의 사례나 나올까 걱정했지만, 막상 수집을 시작하니 어느새 204개의 '망한' 교회 사례가 모였다.

러스트벨트 정중앙에 있는 도시답게 클리블랜드 지역에도 적지 않은 사례를 찾을 수 있었다. 사례를 조사하다 보니 자주 등장하는 단체가 하나 있었다. '클리블랜드 복원 협회 (Cleveland Restoration Society)'였다. 클리블랜드에서 많은 역할을 수행하고 있는 것으로 보였으나 당시 협회의 홈페이지에서는 유의미한 자료를 얻을 수 없었다. 궁금함을 참을 수 없었던 난 지도교수님께 여쭈어보았다.

"클리블랜드 복원 협회는 무슨 일을 하는 단체인가요?"

교수님께서는 책상 위의 놓인 명함집에서 명함을 한 장 꺼내 책상 위에 놓으셨다. 그리곤 우리 대학원의 로고를 손가락으로 짚으시는 것 아닌가. 명함 위의 '맥신 굿맨 레빈 컬리지 오브 어반 어페어스(Maxine Goodman Levin College of Urban Affairs)'를 검지로 두 번 탁탁 치시더니 휘파람을 부시며 시선을 컴퓨터 모니터로 옮기셨다. 교수님의 행동을 이해하기까지 그렇게 오래 걸리지는 않았다.

보존의 가치

미국은 단과대학 이름에 설립자나 설립에 크게 기여한, 혹은 동기 부여가 된 인물의 이름이 붙은 경우가 많다. 내가 다닌 대학원도 그랬는데, 대학원 입학 당시 난 맥신 굿맨 레빈 (Maxine Goodman Levin)이라는 인물이 우리 대학원의 설립자일 것이라고 막연히 생각하고 있었다. 하지만 이 인물에 대해 구체적으로 찾아보지는 않았었다.

알고보니 우리 대학원의 설립자인 레빈 여사가 설립한 단체가 클리블랜드 복원 협회였다. 클리블랜드 복원 협회는 레빈 박사와 두 명의 뜻이 맞는 활동가가 함께 설립한 비영리 단체이다. 1972년에 만들어졌는데 세 사람은 다운타운 클리블랜드의 철거되는 역사적인 건물을 유달리 안타까워했다고 한다. 당시 텍사스의 엘 파소 시(City of El Paso)가 보존 가치가 높은 역사 유산을 활용하여 도시재생에 적극적으로 나섰고, 엘 파소에 영감을 얻은 레빈 박사의 주도로 클리블랜드 복원 협회의 역사가 시작되었다.

이 단체는 다운타운 복원 협회(Downtown Restoration Society)라는 이름으로 출범하여 다운타운 클리블랜드의 보존과 재생을 위해 노력했다. 1975년에는 활동 범위를 클리블랜드와 교외의 모든 도시까지 넓혔고, 1997년에 지금 이름인 클리블랜드 복원 협회로 변경했다. 이 단체는 클리블랜드 지역에서 보존 가치가 높은 건물을 발굴하고 이를 보존하여 리노베이션한 후 새로운 생명을 얻게 하는 것, 그 일 하나만 한다. 그리고 그 일은 클리블랜드 도시재생에 매우 큰 비중을 차지한다.

클리블랜드 복원 협회는 1800년대 후반부터 1900년대 중반에 건설된 건물 중 철거 위기에 놓여 있지만 그 자체가 클리블랜드의 역사인 모든 건물을 관찰한다. 그리고 건물을 보존하거나 재활용하는 것이 지역 공동체에 긍정적인 역할을 할 것으로 판단되면, 협회 직원과 담당 부서의 공무원, 부동산 개발 전문가, 리모델링 전문가, 지역사회 비영리단체 등으로 팀을 구성하여 프로젝트를 기획한다. 보존 사례 중 대부분은 지방정부 의뢰에 의한 프로젝트일 만큼 협회의 전문성은 명성을 얻었다.

지금까지 보존 후 재활용에 성공한 건물은 매우 다양하다. 교회와 학교부터 공공건물, 저택, 공장 그리고 상가에 이르는 거의 모든 건물이 보존의 대상이 되었고, 지역 사회에서 새로운 보존 가치를 창출하고 있다.

근대 유산을 보존해야 하는 가장 큰 이유는 '이야기'를 남기기 위함이다. 건물이 보존되면 건물과 함께한 공동체의 이야기 그리고 사람의 이야기가 남는다. 보존된 이야기는 도시에 사람을 떠나지 못하게 하고 새로운 사람을 끌어당기는 힘을 만든다.

구도심의 상처 치유, 대구예술발전소

대구예술발전소는 대구광역시 중구 수창동에 있다. 대구 중구의 인구는 1980년에 약 21만 명으로 정점을 기록한 후, 계속 하락 추세에 있다. 지리적으로 대구광역시 중앙에 위치한 이곳은 1980년대 초반부터 인구가 급격히 유입되어 산업과 문화의 중심이었다가 신도시의 개발과 수도권으로의 인구 유출로 인해 쇠락을 길을 걷게 되었다.

대구예술발전소는 연초 제조창 즉, 담배 공장이었다. 1949년 연초 제조창 건물이 건설되어 담배의 생산과 보급을 위한 공장으로 50년 동안 활용되다가 최종적으로 1999년 폐창하였다.

2007년 대구시에 기부채납된 공장 건물은 2008년 문화체육관광부의 '지역 근대문화산업유산을 활용한 문화예술 창작벨트 조성' 시범 사업에 선정되어 철거의 운명을 피할

수 있었다. 2010년대에 이르러 정부 주도로 리모델링 공사
가 진행된 후, 2013년에 대구예술발전소로 개관했다. 담배
를 만들기 위하여 사람을 고용했던 공간이 예술을 만들기 위
하여 사람을 고용하는 공간으로 바뀐 것이다.

　대구예술발전소 주변은 쇠퇴 정도가 심하고 커뮤니티가
무너진 것처럼 보였다. 내가 이곳에 방문했을 때는 예술발전

대구예술발전소는 연초 제조창
즉, 담배 공장이었다. 1949년 연초
제조창 건물이 건설되어 담배의
생산과 보급을 위한 공장으로
50년 동안 활용되다가 최종적으로
1999년 폐창하였다. 건물 뒤편으로
건설 중인 높은 빌딩이 보인다.

　　　　　　　　　　　　　　　　　　　도시, 다시 살다

소 옆으로 매우 높은 대형 빌딩의 건설이 한창이었다.(이 글이 독자를 만날 즈음에는 건물의 입주가 끝날 것으로 보인다.)

새로운 건물은 주변 환경과 전혀 조화롭지 못하다는 생각이 들었다. 오히려 허름한 붉은 벽돌의 대구예술발전소가 지역과 조화를 이루며 씩씩하게 자리를 지키고 있어서 훨씬 더 정감이 갔다. 수창공원 쪽에 서서 붉은 벽돌의 건물을 바라보면 나무와 어우러져 멋진 풍경을 만들어낸다.

쇠퇴 속도가 빠른 지역의 공장은 재활용하기 어렵다. 인구 감소로 인해 수요가 많지 않기에 경제적 이윤을 크게 만들어내야 하는 상업 시설로의 활용은 당연히 어렵다. 주거지로의 활용은 가능하지만, 이 역시 인구가 이미 줄고 있으므로 쉬운 선택은 아니다. 건물의 크기가 클수록 오히려 쉽지 않다. 건물의 크기가 작을 경우 작은 공방이나 카페로 재활용할 수 있지만 반대로 크다면 실내 개선에 비용이 많이 들 뿐만 아니라, 개선 후의 유지비도 상당하다.

이런 경우 정부의 재정이 상당히 투입되는 문화 예술 시설을 고려해볼 수 있다. 담배 공장같이 큰 공장은 일반적으로 내부의 공간이 넓고, 외부에는 주차장도 확보된 경우가

방문 당시 2층 전시실에서 인상 깊었던
작품이다. 버려진 '문(door)'은 찢어지고
뜯겨 나비가 되었다. '문'은 버려진 후
비로소 자유를 얻었다. 우리가 일상에서
사용하는 물건이 버려진 이후에 오히려
더 충만하고 자유로울 수도 있음을
의미한 작품이 아닐까.

많다. 이는 문화 예술을 위한 건물로 재활용하기에 장점으로
작용할 수 있다.

　대구예술발전소는 5층 건물이다. 1층과 2층은 주로 전시
실이 있으며, 문화 예술 교육을 위한 강의 공간도 곳곳에서
확인할 수 있었다. 방문했을 당시 1층 전시실에는 '그림으로
듣는 음악사' 전시가 한창이었다. 경주에 있는 대중음악박물
관에서도 봤음직한 전시였지만, 장르 음악의 역사가 전시되

　　　　　　　　　　　　　　　　　　　도시, 다시 살다

고 있었다.

2층의 전시실은 1층 전시실보다 규모가 크다. 2층에는 전시실과 '만권당'이라 불리는 북라운지가 있었다. 방문 당시 2층 전시실에는 폐품을 활용한 작품을 전시하고 있었는데, 예술에 문외한인 내가 보기에 대체로 난해했다. 천천히 작품들을 둘러본 뒤 발걸음을 옮겼다.

최대한 보존한 천장이나 기존 구조물을 그대로 살린 엘리베이터도 인상 깊었지만, 내부에서 가장 인상 깊은 구조물은 벽에 그려진 하트이다. 연기를 외부로 보내기 위한 연통의 흔적을 그대로 남기고, 이를 오브제로 활용해 벽에 귀여운

최대한 보존한 천장이나 기존 구조물을 그대로 살린 엘리베이터도 인상 깊었지만, 내부에서 가장 인상 깊은 구조물은 벽에 그려진 하트이다.

하트를 그려 놓았다.

오래된 건물에서는 이런 구조물을 찾는 재미가 매우 크다. 연초 제조창에서 일한 적이 있는 노신사가 손자와 이 건물을 찾는다면, 연통의 쓰임새와 역사에 대해 해줄 이야기가 많을 것이다. 이렇게 곳곳에 보존된 '예스러움'의 흔적은 입에서 입으로 다음 세대까지 전해질 것이다.

발전소 가까이에 있는 수창공원 옆에 빈 건물 두 채가 나란히 서 있는 것을 볼 수 있었다. 과거의 기능을 완전히 상실한 공간이지만 뼈대는 온전히 남아 있었으며 주거 용도의 건

발전소 가까이에 있는 오래된
아파트 두 채는 젊은 예술가를 위한
작업 공간으로 쓰일 예정이다.

도시, 다시 살다

물이었음은 어렵지 않게 추론할 수 있었다.

이 오래된 아파트 두 채는 젊은 예술가를 위한 작업 공간과 주거 공간으로 재탄생할 예정이라고 한다. 이 책이 세상에 나올 즈음에는 개선 작업이 상당히 진행되고 있을지도 모른다. 두 아파트까지 예술가로 넘쳐나면, 오래된 담배 팩토리는 예술 팩토리로 온전히 새로운 삶을 살게 될 것이다.

공장이 문을 닫고 이 동네에서 더 살 수 없게 된 사람들은 마음에 큰 상처를 입은 상태로 삶의 터전을 떠났을 것이다. 그 사람들의 상처가 이 공간을 통해 치유될 날이 어서 오기를 바란다.

새로운 문화 살롱, 청주 동부창고

동부창고는 청주시 청원구에 있다. 청주시는 2014년 청주시를 둘러싸고 있는 청원군과 통합한 시군 통합 시이다. 현재 청주시는 청원구, 흥덕구, 상당구, 서원구 등 네 개의 구로 구성되어 있으며, 동부창고가 위치한 청원구는 내수읍, 오창읍, 북이면을 포함하고 있다.

시와 군의 통합은 대체로 시 쪽이 찬성을, 군 쪽이 반대를 하기 마련이다. 이 지역도 마찬가지였다. 청원군에 완전히 포위된 듯한 청원시 입장에서는 도시의 확장에 갑갑함을 느꼈을 것이다. 반면 청원군의 입장에서는 지역의 역사성과 정체성이 '청원군'이라는 명칭과 함께 사라질 수도 있기에 기대보다 반대의 감정이 앞섰을 것으로 보인다. 여러 차례의 시도 끝에 2014년 두 시군의 주민은 통합 시를 출범시켰다. 통합 시의 북부를 담당하는 청원구는 청주국제공항과 충북선 철도의 청주공항역, 오근장역, 내수역이 있는 교통의 요충지이며 국립현대미술관도 있어 청주공예비엔날레 등 다양한 문화예술 행사가 열리는 문화 중심지이기도 하다. 여기에 긴 시간 동안 담배 저장 창고였던 동부창고가 더 적극적으로 활력을 불어넣고 있다.

청주연초제조창은 1946년에 만들어졌다. 이후 2002년까지 정부 소유의 담배 보관 창고로의 역할에 충실하다가 만 2년의 짧은 민영화 기간을 거쳐 2004년에 최종적으로 문을 닫았다. 상당히 큰 규모의 공장이었음에도 2014년 재활용에 대한 본격 논의가 진행되기 전까지, 10년간 빈 상태로 버려져 있었다. 이 기간에 지역경제는 심하게 몰락하였고, 공

도시, 다시 살다

장 주변의 빈집은 늘어만 갔다.

2014년부터 주무 부처인 문화체육관광부와 청주시 그리고 시민사회는 지혜를 모아 공장의 재활용을 통한 지역 재생을 기획했다. 그 결실로 2015년 5월 시범 운영을 거쳐, 같은 해 8월에 시민에게 '청주 동부창고'라는 이름으로 개방되기 시작했다.

동부창고는 총 일곱 개의 독립된 건물로 구성되어 있다. 방문 당시(2019년 6월)에는 34동, 35동, 36동 등 3개의 동이

방문 당시(2019년 6월)에는 34동, 35동, 36동 등 세 개의 동이 새로운 역할을 부여받아 시민에게 개방되었고, 나머지 네 개 동은 여전히 리노베이션이 한창이었다.

새로운 역할을 부여받아 시민에게 개방되었고, 나머지 4개 동은 여전히 리노베이션이 한창이었다.

사실 동부창고를 내비게이션에 찍고 운전을 해 가보니, 여전히 공사 중인 건물만 잔뜩 보여 어느 건물을 들어가야 할지 막막했다.

개관한 3개 동은 역할이 분명했다. 34동은 '커뮤니티 플랫폼'이란 이름으로 다시 태어나 주민에게 개방되었다. 이름에 걸맞게 누구나 활용할 수 있는 다목적홀과 공예실, 푸드랩 등 교육과 체험을 위한 공간으로 디자인되었다.

방문 당시 푸드랩에서는 10대 친구들의 목소리가 들려왔다. 유리창 너머로 보이는 이들의 표정에서 한없는 행복감이 전해졌다. 이렇게 행복한 다음 세대의 모습을 본 기억이 별로 없을 정도로 이들은 진정 즐거워하고 있었다. 리노베이션이 다 끝나지 않은 탓인지 혹은 외형 보존을 위한 의도된 장치인지 오르겠지만, 군데군데 뜯긴 페인트가 인상 깊었다.

34동을 나오면 35동과 36동을 차례대로 만날 수 있다. 34동의 외벽을 따라 이동하면 35동의 출입문이 나온다. 여전히 공사가 진행 중인 구간이 많아 안전을 위해 보행로가

동부창고 34동의 모습.
사진에서 오른쪽 공간이
다목적홀이고, 왼쪽 공간은
랩실과 푸드랩이다.

설치되어 있다. 리노베이션은 대체로 외관은 최대한 보존하고 내부의 구조도 간결하게 구성해 활용성을 높이고자 했다. 동 하나의 크기가 작지 않음에도 아기자기함보다 시원함이 돋보이도록 내부의 구성을 단순하게 한 것은 오히려 장점으로 작용할 전망이다.

　35동의 이름은 '청주공연예술연습공간'으로 지어졌다. 이름에서도 유추할 수 있듯이 35동은 청주시의 예술인을 위한 공간이다. 동 자체가 연습실로서 디자인되었다. 큰 규모의 대연습실과 중간 규모인 중연습실 그리고 개인 연습도 가능한 두 개의 소연습실 등 총 네 개의 연습 공간이 예술인을 맞이할 준비를 끝냈다.

샤워실과 탈의실뿐만 아니라 연습복으로 갈아입고 개인 물품을 보관해야 하는 예술인들을 위해 락커가 설치되어 있는 디테일도 좋았다. 락커에는 청주의 예술 단체 태그가 붙어 있었다. 35동을 이용하는 단체가 락커 사용 신청을 했을 것이다.

실내를 둘러보는 동안 가곡 연습 소리가 중연습실에서 새

샤워실과 탈의실뿐만 아니라
연습복으로 갈아입고 개인 물품을
보관해야 하는 예술인을 위해
락커가 설치되어 있는, 디테일이
살아 있는 35동이다.

도시, 다시 살다

어 나왔다. 느껴지는 에너지에 가던 걸음을 잠시 멈추고 감상에 빠져들었다. 연습을 마친 이들을 35동 밖에서 다시 만났다. 행복감과 뿌듯함이 넘치는 표정이 이 공간의 가치를 대변하고 있었다.

36동의 이름은 '청주생활문화센터'이다. 34동과 35동도 주민을 위한 공간이지만, 36동은 더욱 주민의 생활과 밀접하다.

건물 외벽에 '동부창고문화살롱'이라는 큰 글씨가 새겨져

주민의 삶에 밀착된 편안한 공간인 36동의 별명으로 참 괜찮다는 생각을 했다.

있었다. 주민의 삶에 밀착된 편안한 공간인 36동의 별명으로 참 괜찮다고 생각하며 건물 안으로 발걸음을 옮겼다. 36동은 확실한 목적의 34동과 35동에 비해 훨씬 다양한 목적을 추구하는 공간이었다.

36동의 중심은 '빛내림홀'이라는 이름의 아담한 콘서트장이다. 관객과 가까이 호흡하고 함께 뛸 수 있는 힙합과 댄스 공연 그리고 청소년 밴드의 공연을 위한 홀로 구상되었음을 쉽게 알 수 있었다.

36동의 중심은 '빛내림홀'이라는
이름의 아담한 콘서트장이다.
콘서트홀은 자연 채광으로 환하다.
특별한 조명이 없어도 '빛'이 언제나
함께하기에 '빛내림홀'로 이름을
지었을 것이다.

도시, 다시 살다

콘서트홀의 분위기도 그렇지만, 거울이 비치된, 콘서트홀 뒤편의 댄스 연습실이 이를 명확히 하고 있다. 앞 팀의 공연이 한창일 때 긴장을 잊기 위해 연습에 매진했을 미래 주역들의 마음이 느껴졌다.

콘서트홀은 자연 채광으로 환하다. 특별한 조명이 없어도 '빛'이 언제나 함께하기에 '빛내림홀'이라는 이름을 지었을 것이다.

이 외에도 36동 안에는 지친 다리의 피곤함을 잠시 덜 수 있는 카페가 있다. 방문 당시에는 운영하지 않고 있었다. 아마도 전체 개관에 맞춰 카페도 문을 열 것이다. 한쪽 벽에는 '미래에 추억을 전하는 느-린 엽서'가 전시되어 있었다. 미래의 나, 미래의 사랑하는 사람에게 하고 싶은 이야기를 적으면, 정말 동부창고에서 이를 보내준다고 한다. 동부창고는 언제 보내주겠다는 말은 하고 있지 않았다. 특정되지 않은 날짜가 오히려 기대감을 갖게 한다. 까맣게 잊고 있던 과거의 나로부터 엽서를 받으면, 어떤 느낌일까. 과거의 마음을 미래에 배달하고자 하는 동부창고의 따뜻함이 너무 좋았다.

담배 팩토리에서 예술 팩토리로

추억은 기억이 아니라 마음에 남는다. 주민의 마음에 추억을 남긴 공간은 역사적으로 가치가 충분하다.

물론 보존보다 허무는 것이 도시의 환경에 더욱 좋은 영향을 미치는 건물도 적지 않을 것이다. 그래서 선택이 필요하다. 가장 중요한 것은 도시와 마을 주민의 마음일 것이다. 보존에 동의한다면 그 보존으로부터 이야기를 만들어내고 그 이야기는 재활용 계획과 연결되어야 한다. 그리고 주민이 원하는 공간으로 바꾸고 가꿀 필요가 있다.

많은 경우 주민들은 '난장'을 원한다. 난장판이 꼭 나쁜 것은 아니다. 반드시 깔끔해야 하고, 정돈되어야 하고, 질서 정연해야 할 필요는 없다. 공간의 진정한 주인인 주민이 원하는 대로 마음껏 즐기게 판을 벌이는 노력이 필요하다.

대구 예술발전소와 청주 동부창고는 주민을 위해 다시 문을 열었다. 태우지 않은 쿰쿰한 담뱃잎의 향이 돈을 만들어 우리를 먹이고, 재우고, 공부시켰다면, 이제 이 공간에서 다시 태어나는 예술과 문화는 주민에게 보다 질 높은 삶을 선물할 것이다.

도시, 다시 살다

36동의 한켠에는 '미래에 추억을
전하는 느-린 엽서'가 전시되어
있었다. 미래의 나, 미래의 사랑하는
사람에게 하고 싶은 이야기를
적으면, 정말 동부창고에서 이를
보내준다고 한다.

난장을 위한 열린 공간이 부족한 도시는 매력이 없다. 배
우고, 떠들고, 공감하고, 공연하고, 감상하는 공간을 만들어
내는 예술 팩토리 대구 예술발전소와 청주 동부창고가 영원
히 주민 곁에 함께 하기를 바란다.

랜드마크가 된
기피 시설

오산의 에코리움과
하남의 유니온파크

동네

난 유치원을 다니지 않았다. 동네에 유치원이 있기는 했을 것이다. 하지만 유치원에 정식으로 입학해 졸업한 기억이 없다. 유치원을 다니지 않은 그 시절 내 삶의 주요 공간은 '골목'이었다. 지금으로서는 상상하기 쉽지 않지만, 난 대여섯 살부터 이미 골목을 배회하며 놀 것을 찾아다녔다. 아파트가 아직 들어서기 전의 우리 동네는 작은 크기의 집들이 질서 없이 세워져 있어서 골목 또한 얽히고설켜 있었다.

이 골목, 저 골목 탐험하다 보면, 하루가 빠르게 갔던 것 같다. 탐험 중 발생한 구체적인 에피소드는 기억에 없지만, 골목 탐험이 주는 기쁨 자체는 가슴에 남아 있다. 그렇게 놀다 보면, 어디선가 "유진아, 밥 먹어!"라며 나를 찾는 할머니의 목소리가 들려왔다. 집에 갈 시간을 알리는 알람이었다.

요즘 아이들은 첫 친구를 유치원에서 만난다. 유치원이 거의 필수 교육 과정이 된 시대이니 당연하다. 우리 아이 초등학교 입학식의 한 장면이 기억에 남는다. 강당의 정해진 자리에 앉은 아이들은 너나 할 것 없이 유치원 동문(?)을 찾느라 바빴다. 친했던 유치원 친구와 같은 반에 배정받은 아이들은 최고로 행복한 모습이었고, 반대로 자기 반에 유치원 동기가 없는 아이들은 우울해 했다. 비록 한 반에 친한 친구가 배정되지 않았어도 아이들은 유치원에서 배운 방법대로 새로운 친구를 만들고 적응해 가며 모두 씩씩하게 하루하루를 보낼 것이다.

골목에서 혼자 노는 법을 터득해 가던 나도 초등학교 입학을 피하지 못했다. 첫 친구를 만난 입학식을 잊지 못한다. 지루하고 다리가 아팠던 운동장에서의 공식적인 입학식이 끝나고 입학생 전원은 배정받은 반으로 걸음을 옮겼다. 교실에 들어서 자리에 앉은 난 교실 뒤편에 줄지어 선 어른들 사이에서 엄마를 찾았지만, 아빠보다 더 바빴던 엄마의 모습은 당연히 찾을 수 없었다. 대신 어린 시절 날 키워주신 할머니가 뒤돌아보지 말고 선생님의 말씀에 집중하라는 의미로 연신 손을 앞으로 흔드셨다. 선생님은 아이들의 적응을 위한 이런저런 안내 말씀을 하셨을 것이다.

교실 안에서의 순서가 마무리되고 집에 돌아갈 시간이 되었다. 감기에 걸린 듯 내 뒤에 앉아 계속 코를 풀던 친구가 한 명 있었다. 선생님의 말씀 내내 신경이 쓰였지만, 난 굳이 그 친구를 돌아보지는 않았던 것 같다. 모든 순서가 끝나고 할머니가 갑자기 그 친구에게 오셨다. 그 친구를 붙잡으시더니, 밝게 웃으며 이렇게 말씀하셨다.

"우리 유진이랑, 친하게 지내자."

베프 탄생의 순간이었고, 이 순간 할머니의 표정과 당황한 친구의 표정을 잊지 못한다. 이 친구의 이름은 기훈이였다. 초등학교 저학년 시절, 내 삶에서 기훈이를 빼면 남는 것이 별로 없다. 기훈이의 집은 우리 집에서 내 걸음으로도 10분 거리로 매우 가까웠다. 우리 둘은 작은 개인 주택에 살았다. 그 시절 우리 동네에는 아파트 한 채 없었다. 동네에 아파트가 처음 들어서기 시작한 때는 4~5학년 때인 1985년 이후로 기억한다.

그 시절 내 삶은 비교적 단순했다. 학교 수업은 듣는 둥 마는 둥, 대충 때우고 집으로 돌아와 책가방을 던져 놓고, 우유한 잔 시원하게 들이킨 후 기훈이의 집으로 가거나, 집에서 빈둥거리며 곧 우리 집 초인종을 누를 기훈이를 기다렸다.

난 기훈이의 집 앞에 서서 초인종을 누른 후 대답이 들리기도 전에 이렇게 소리를 지르곤 했다.

"친구야~ 놀자~"

기훈이가 우리 집에 올 때도 우리의 접선 방식은 같았다. 왜 우리는 "기훈아~ 놀자~"나 "유진아~ 놀자~"라고 하지 않고, "친구야~ 놀자~"라고 했을까. 이유는 그때나 지금이나 모른다. 그냥 거기에 친구가 있었고, 우리는 놀아야 했으니 그렇게 불렀을 것이다.

허름한 동네 구석구석은 최고의 놀이터였다. 우린 동네에서 정말 열심히 놀았다.

우물

지금은 아파트 단지로 변해버린 그 시절 우리 집과 기훈이네 집에서 조금 떨어진 곳에 우물이 하나 있었다. 초등학교 입학 전 이 골목, 저 골목을 혼자 탐험했을 때는 찾지 못했던 우물이었다. 기훈이와 놀기 위해 영역을 차츰차츰 확장하다 보니 혼자는 가지 못했던 곳까지 이른 것 같았다.

도시, 다시 살다

우물을 찾은 시기는 아마도 2~3학년 때였던 것으로 기억한다. 우물의 이름이 있었던 것 같지는 않다. 우리는 그 우물을 그냥 '우물'로 불렀고, 사람의 손에서 멀어져 방치된 지는 이미 상당한 시간이 지났으므로 동네 사람 그 누구도 우물에 큰 의미를 부여하지 않았다. 골목과 골목은 얽히고설키다가 마침내 트인 공간에서 만나는데, 바로 그 공간에 우물이 있었다.

어린 나는 우리 집이 마을의 중심인 줄 알았다. 지금 생각해보면 참 작은 집이었지만, 갈 수 있는 곳만큼만 탐험하다가 베이스캠프인 집으로 돌아오는 삶을 반복하니 집이 중심처럼 느껴질 수밖에 없었을 것이다. 하지만 이 우물을 발견한 이후로는 왠지 모르게 이 우물이 마을의 중심인 것 같았다. 모든 골목길이 우물로 향하고 있었으니까.

어느 순간부터 기훈이와 난 "친구야 놀자~"를 외치는 대신에 우물에서 만나자는 약속을 하고 헤어졌다. 초등학생인 나와 기훈이에게 우물은 이를테면, 우리 동네의 랜드마크(landmark)였다. 기훈이와 나를 중심으로 커져만 가는 또래 집단은 놀기 위해 우물에서 만났다. 우리는 우물에서 만나 놀기 위한 장소로 이동하는 삶을 반복했다. 우물이 놀이를 위한 공간으로서 지니는 위치는 대단했다.

재생의 땅 위에,
오산 에코리움 그리고 맑음터 공원

아직 차가운 바람이 남아 있던 일요일 오후, 우리 가족은 집에서 나가기로 했다. 외출 계획이 있던 것은 아니었고, 코로나19가 아직도 위태로운 상태라 오늘도 집안에서 무료하게 하루를 지내야 하나 고민하고 있던 날이었다.

하지만 에너지 넘치는 아들을 더는 모바일 게임에만 맡겨놓을 수는 없었고, 실내에서 공부시키는 것에도 한계가 있었다. 처음에는 중무장한 채 인근에서 킥보드나 탈 생각이었지만, 혹시나 우리가 가보지 못한 괜찮은 공원이 없나 싶어 검색을 해봤다. 그렇게 나온 장소가 오산의 맑음터 공원. 집에서 35분 거리로 확인이 되어 가볼만 하다는 생각에 우리 가족 셋은 오산으로 향했다.

맑음터 공원은 쓰레기 매립지 위에 만들어진 '재생 공원'이다. 재생 공원의 이름으로는 안성맞춤이라는 생각이 들었

도시, 다시 살다

다. 맑음터 공원을 내비게이션으로 검색하고 집을 나섰다. 오산천 옆의 좁은 도로를 따라 공원으로 접근하니 도로 위 주차장에 주차된 차가 제법 보였다. 맑음터 공원 옆에 공영 주차장이 있다는 정보를 이미 알고 있어서 주차장을 찾아 좁은 도로를 따라 깊숙이 진입했다.

주차장에 닿기 전에 높은 탑이 먼저 시야에 잡혔다. '에코리움'이라는 탑이다.

맑음터 공원과 에코리움을 찾은
방문객을 위한 주차장이다. 건너편에는
오산천이 흐르고 있는데, 오산천을
트래킹하고자 방문한 주민도 이곳을
이용한다. 주차장 옆에 에코리움이 우뚝
솟아 있다.

에코리움은 오산시 하수종말처리장 부지에 세워진 탑이다. 우리는 상수도에 관심이 많은 편이다. 수도를 틀면 나오는 물을 마셔야 하고, 그 물로 씻어야 하니까 물의 질에 대한 관심이 클 수밖에 없다. 하지만 우리가 버리는 물에 대해서는 관심이 거의 없다. 우리 손을 떠났기에 어느 곳으로 흘러들어 버려지는 것인지 관심을 두지 않는다.

하수종말처리장은 사용한 물을 모아 강에 흘려보내기 전에 마지막으로 처리하는 시설로서 모든 도시에 필요한 환경기초시설에 해당한다. 우리 삶에 없어서는 안 될 기초적인 시설이지만, 하수가 모이는 곳이므로 자연히 악취가 발생한다. 실제 악취가 나지 않더라도 부정적인 이미지를 탈피할 길이 없다. 따라서 모든 하수종말처리장은 주민들에겐 기피시설 즉, 님비 시설(not in my back yard: NIMBY)로 여겨진다. 그 부지 위에 에코리움이 건설된 것이다.

오산시의 인구는 약 22만 명 정도로 경기도 내 시 중에서 하위권에 속한다. 하지만 도시의 크기가 매우 작아 인구 밀도는 상당히 높은 편이다. 수원, 화성과 동일 생활권으로 묶이는 경향이 있고 이들 지역에 직장을 둔 청년 인구의 정착이 활발한 곳이기도 하다. 이와 같은 상황에서 도시의 개발

도시, 다시 살다

수요가 매우 큰 곳임에도 불구하고 오산시 하수종말처리장 인근에는 주거 단지가 형성되어 있지 않다. 이 공간이 기피 시설로 인식되고 있기 때문이다. 이러한 부정적인 인식을 바꾸기 시작한 것이 에코리움과 맑음터 공원이다.

에코리움은 2009년에 하수종말처리장 내 부지에 건설된 전망 타워 시설로 길이 78m, 지하 1층, 지상 4층으로 건축되었다. 처음에는 전망대 기능만 했던 것 같다. 그러나 리모

하수종말처리장은
사용한 물을 모아
강에 흘려보내기 전에
마지막으로 처리하는
시설로서 모든 도시에
필요한 환경기초시설에
해당한다.

델링 공사 후, 맑음터 공원의 개장과 함께 오산천을 연계하여 생태 학습의 랜드마크로 2011년 5월에 재탄생하였다.

에코리움의 지상층은 층마다 테마가 있다. 1층은 물, 2층은 땅, 3층은 숲, 4층은 하늘이다. 1층은 오산천의 물고기가 주인공이다. 지금은 사라진 물고기와 현재 살고 있는 물고기를 담은 큰 수족관이 생태 학습 교재 역할을 한다. 2층에서는 오산천이 흐르는 땅의 미래를 증강현실로 볼 수 있다. 오산천의 과거와 현재 미래를 모두 만날 수 있는 소중한 공간이다. 3층은 오산의 숲이 주인공인데 그중에서도 은행나무를 통해 오산천의 곤충과 조류 등을 만날 수 있다. 맨 꼭대기 층인 4층에서는 오산 전망대를 통해 오산시를 한눈에 볼 수 있고, 시의 역사와 문화 유적을 증강현실로 관광할 수 있다. 타워 안의 모든 구성이 다음 세대를 위한 생태 교육에 집중되어 있다.

이 타워를 더욱 돋보이게 하는 공간은 맑음터 공원과 오산천이다. 쓰레기 매립지였던 공간을 활용한 재생 공원인 맑음터 공원은 휴식, 놀이, 학습이 어우러지는 랜드마크이다. 맑음터 공원의 정문은 구름다리이다. 코로나19로 인해 통제되고 있는 것이 아쉬웠지만, 나무로 만든 구름다리 위에서 에

맑음터 공원의 정문 구름다리이다. 코로나19로 인해 통제되고 있는 것이 아쉬웠지만, 나무로 만든 구름다리 위에서 에코리움을 바라보면 정말 멋있을 것 같다는 생각이 들었다.

코리움을 바라보면 정말 멋있을 것 같다는 생각이 들었다. 구름다리 위에서 돌아가는 바람개비도 동심을 자극했다.

정문을 지나 쭉 올라가면, 오른쪽에는 오산시가 운영하는 '맑음터 공원 캠핑장'이 나온다. 캠핑장 정면 즉, 걸어 올라온 길 왼쪽으로는 넓은 공원이 펼쳐져 있었다. 추운 날씨에도 불구하고 많은 주민이 아이들과 함께 공원에 나와 있었다. 인라인 스케이트를 타는 아이, 자전거를 타는 아이, 킥보드를 타는 아이 등 모든 아이가 공원이 주는 혜택을 만끽하는 모습이었다.

입구 반대편으로 들어오면 생태가 강조되는 공원답게 엄청나게 큰 잉어가 사는 못이 가꾸어져 있고, 토끼와 다람쥐를 키우는 장소도 있다.

가운데 광장에는 분수가 있어서 더운 여름에 이곳을 찾는 모든 아이의 로망이 될 만한 자격을 갖추고 있었다. 또, 물놀이를 즐길 수 있는 놀이터도 있었는데 겨울에는 일반 놀이터로, 여름에는 수영장으로 이용할 수 있는 곳이었다.

광장 뒤편에는 '온마을 목공체험장'이라는 체험 활동장이

중앙의 광장에는 공연 무대가 설치되어 있었고, 광장을 둘러싸며 벤치가 놓여 있었다. 쓰임새가 다양한 공원이었다.

도시, 다시 살다

있고, 그 뒤쪽으로는 청소년을 위한 농구장과 묘기를 선보일 수 있는 매우 넓은 인라인스케이트장까지 마련되어 있다. 이곳을 찾은 모든 세대를 만족시킬 만한 다양한 시설을 갖추느라 고심한 흔적이 엿보였다.

맑음터 공원에서 휴식과 놀이 그리고 체험을 만끽하고도 체력이 남아 있다면 오산천을 거닐어도 좋다. 이곳은 멀리 보이는 공장에서 끊임없이 뿜어내는 연기 속에서 주민의 건강을 지켜주는 소중한 곳이다.

전체적인 면적이 크지는 않지만 모든 세대를 배려한 구성으로 누구나 반나절은 쉬고, 놀고, 체험할 수 있다.

오산천은 수달의 서식지이다.
생태 보존을 위해 물에 들어가는
것은 금지되어 있지만 눈으로만
즐겨도 충분한 곳이다. 멀리
공장에서 뿜는 연기가 보인다.

도시, 다시 살다

오산천은 수달의 서식지라고 한다. 낚시는 당연히 금지되어 있고 생태를 보존하기 위해 물 안에 들어갈 수도 없다. 눈으로만 즐겨도 충분한 곳이다. 여유로운 일요일 오후, 이곳을 자녀와 함께 걸으면서 우리가 지켜나가야 할 환경의 소중함에 관해 이야기할 수 있다면, 재생의 땅 위에 세워진 랜드마크인 에코리움의 가치가 세대에서 세대로 이어질 것이다.

지하로 들어간 기피시설,
하남 유니온파크

폐기물과 하수 처리시설은 환경기초시설로서 우리의 생활에 반드시 필요한 곳이다. 그럼에도 불구하고 대부분의 사람들이 그 근처에서 살거나 일하거나 쇼핑하고 싶어 하지 않는다. 기피시설과 주민들의 생활이 조화를 이루는 것은 불가능할까? 하남의 유니온파크는 이 힘든 일을 해냈다.

국내 최초로 지하에 폐기물처리시설과 하수처리시설을 함께 설치하였고, 지상에는 주민을 위한 체육관과 공원을 건설한 혁신적인 공간이다.

폐기물과 하수가 많이 모여 있음에도 불구하고 주민들은 유니온파크를 멀리하지 않는다. 뒤편으로는 경기 동부권 최고의 쇼핑몰인 스타필드가 들어섰고, 미사 강변도시에 수많은 사람이 살고 있다.

하남은 역동적으로 성장하는 도시이다. 2009년부터 그린벨트를 해제하고 본격적으로 미사에 강변도시가 개발되기 시작했고, 입주가 본격화된 2015년을 기점으로 인구가 크게 늘었다. 통계청에 따르면, 2010년부터 2014년까지 주민등록인구가 약 15만 명 정도를 유지하다가 2020년에는 29만 명을 넘어섰다. 5년 만에 인구가 2배로 증가한 것이다. 수도권 3기 신도시가 완성될 즈음에는 40만 명을 넘어서는 도시로 성장할 것으로 예측된다.

아름다운 물결과 모래로 이루어진 섬, 미사는 단어의 유래에서 알 수 있듯이 원래 섬이었다. 한강 위의 독립된 섬이었지만 1982년 한강종합개발사업으로 육지와 연결되어 오늘날 미사의 모습을 갖추게 되었다.

미사는 백제의 수도인 위례성과 검단산 그리고 한강 뷰가 유명한 곳으로 자연과 문화가 어우러지는 융합의 에너지가 충만하던 곳이었다. 하지만 긴 기간 동안 개발이 제한되어 하남에 살지 않는 사람에게 '미사'라고 하면 카페촌이나 조정경기장 정도가 알려져 있었다. 지금은 생활 여건이 크게 개선되어 2015년 이후에는 전국에서 살기 좋은 도시 중 하나로 명성을 쌓아가고 있다.

도시 성장의 관점에서 하남시가 지니고 있는 장단점은 뚜렷해 보인다. 가장 큰 장점은 서울에 인접한 도시로서 이주의 수요가 많다는 점이다. 원래도 자가운전으로 서울 동부권역에서는 20~30분이면 하남 어디든 닿을 정도로 가까웠지만, 지하철 개통으로 이동이 더욱 편해졌다. 중앙정부 주도의 개발 계획이 이어지면서 생활 여건도 크게 개선되어 이주에 대한 관심은 많이 증가하는 추세이다. 하지만 단점도 명확하다. 두 가지만 꼽자면, 우선 땅이 좁다. 하남은 검단산과 한강으로 둘러싸여 경관은 훌륭하지만, 사람이 거주할 만한 거주 공간의 절대적 크기가 작다. 또한, 2015년까지 유지되던 15만 명의 원주민과 이후에 이주한 15만 명의 이주민, 이질성이 높은 두 집단 간의 융화는 하남이 당면한 과제이다.

유니온파크는 절대적 크기가 작은 하남의 특성을 잘 반영하고 있다. 하남에 필요한 환경기초시설이 기피 시설로 인식되어 주변에 사람이 모이지 않는다면, 가뜩이나 부족한 하남

의 공간 문제는 더 크게 부각될 수 있다. 이에 환경기초시설
을 묶어 지하화하고 지상에는 기피 시설이 선호 시설로 인식
될 수 있도록 체육시설과 공원을 건설하였다.

유니온파크는 미사강변도시의 본격적인 개발과 함께
2011년에 착공하여 2015년에 준공하였다. 지하에는 하수
처리시설과 폐기물 처리시설이 있다. 폐기물 처리시설은 소
각시설, 음식물 자원화시설, 재활용품 선별시설, 압축 처리
시설 등을 망라하고 있어서 환경에 관한 교육 장소로도 큰

가치를 지니고 있다.

　현재 유니온파크는 하남 도시공사에서 위탁하여 운영하고 있다. 관리동에는 하남 도시공사의 운영 인력과 유니온파크의 기능과 관련된 하남시의 행정부서가 입주해 있다.

　유니온파크의 상징인 유니온타워는 105m 높이의 구조물로, 꼭대기의 전망대에서 한강을 내려다볼 수 있기에 관광객들의 사랑을 받고 있다.

　원형의 체육관은 주민에게 개방되어 탁구나 배드민턴을

내부의 체육관은 주민에게 개방되어 있다. 외부의 공원은 생태 연못, 어린이 물놀이터, 잔디광장, 야외무대, 실외 체육 시설 등으로 다채롭게 구성되어 있다.

즐기며 친목을 다질 수 있고, 외부의 공원은 생태 연못, 어린이 물놀이터, 잔디광장, 야외무대, 실외 체육 시설 등으로 다채롭게 구성되어 있다.

하남의 부족한 공간 문제를 해결하기 위해 기획된 유니온 파크가 이제는 도시의 이질성을 다양성으로 탈바꿈시켜 도시에 새로운 활력을 불어넣는 엔진이 되길 소망한다.

랜드마크가 된 기피 시설

도시에 상상력을 더하기 위해서는 사람을 만나 놀기 위한 '우물'이 필요하다. 우물에서 만남과 놀이가 시작되고 이는 곧 연결의 망으로 발전한다. 이렇게 사람이 모이고 노는 곳에 학습이 더해지면 금상첨화이다. 학습이 이루어지는 곳의 생명력은 쉽게 꺼지지 않기 때문이다. 오산과 하남은 그런 '우물'을 창조해 냈다. 그런데 이 우물은 기피 시설 위에 세워졌다.

사람은 누구나 손실 혐오(loss aversion)의 감정을 가지고 있다. 동일한 재화라고 한다면, 재화를 하나 얻었을 때의 기뿜보다 잃었을 때의 슬픔이 더 크기 마련이다. 필요한 환경 기초시설이 기피 시설로 인식될 때, 사람은 손실 혐오의 감정을 갖게 되고, 이 혐오로 인해 정부와 주민, 주민과 주민은 서로 갈등하고 반목하게 된다. 이런 어려움을 슬기롭게 풀어내기 위한 모범을 두 도시가 보여주고 있다.

랜드마크가 된 기피 시설에서 주민은 모이고, 놀고, 학습한다. 특히 다음 세대에게 생태와 환경의 중요성을 전하는 장소가 되었다는 점은 큰 시사점을 준다.

기피 시설은 기피의 대상이 아닌 환영의 대상이 될 수 있다.

3장.

콘텐츠, 다시 살아나다

도시의 숨은 기획자,
동네 책방

안성의 다즐링북스와
부여의 세간

아이의 놀이터

초등학교 고학년에 들어서니 새로운 공간에서 놀고 싶은 욕구가 커졌다. 학교 운동장이나 동네 골목 같은 전통적인 놀이 공간에서 친구와 놀 수 있는 방법은 제한적이다. 돌아다닐 수 있는 반경이 커질수록 다른 공간을 즐겨보기 위해 놀이터 후보지를 물색했다. 우리 집에서 초등학생 걸음으로도 십 분 정도 걸으면 유명 사립대가 나왔다. 서울에 있는 대부분의 대학이 그렇듯 상당히 가파른 언덕 위에 세워진 대학이었다. 이 대학 중문으로 들어서면 바로 청룡상이 있는 큰 연못이 보였다. 연못에는 비단잉어가 적지 않았는데 건빵으로 비단잉어를 불러 모으는 것은 꽤 재미있었다. 대학에서 노는 것은 정말 재미있었지만 매일 펼쳐지는 같은 풍경에 곧 지겨워졌다.

초등학교 저학년 놀이의 무대가 되었던 골목은 고학년이

되면서 산으로 대체되었다. 우리 집은 산의 중턱에 자리하고 있었다. 집 주변은 모두 산이었는데 그중에서도 '달마산'으로 불린 산은 훌륭한 놀이터가 되었다. 달마산에는 달마사라는 절이 있었다. 달마사가 있는 달마산에서 우리는 열심히 놀았다. 그런데 대학에서 그만 놀게 된 이유가 '지겨움'이었다면, 이 산에서 그만 놀게 된 이유는 '안전' 때문이었다. 우리 학교에 이 산에서 숙식을 해결하며 '본드'를 흡입하는 비행소년(당시 우리는 깡패로 불렀다.)이 있다는 소문이 돌았다. 형들과 싸워 이길 재간이 없는 우리들은 산에 오르는 것을 포기했다.

우리에게는 새로운 놀이터가 필요했다. 꼬맹이 시절의 놀이터였던 골목은 여전히 매력적인 공간이었지만, 우리의 놀이 욕구를 충족시키기에는 협소했고, 가장 먼저 대안으로 떠올랐던 대학교 교정은 금방 질렸다. 새롭게 찾아낸 달마산은 비행소년에 관한 소문이 끊이지 않았기에 놀이 장소로는 무서웠다. 이 무렵 새롭게 부상한 공간이 있었다. 지금은 국립현충원으로 이름을 바꾼 '국립묘지'다.

국립묘지는 우리 집에서 제법 걸어야 했다. 우리 집에서 학교 가는 동선을 따라 걷다가 학교를 지나치고도 삼십 분

도시, 다시 살다

가까이 걸어야 했다. 이곳에 가보자고 누가 먼저 이야기를 꺼냈는지는 기억에 없다. 처음에는 올챙이 채집이 가능하다는 이야기에 솔깃했던 것 같다. 학교 수업 시간에 올챙이를 채집해 키우는 체험이 있었기에 올챙이를 직접 잡아 보고 싶었다. 국립묘지는 달마산보다도 자연이 잘 보존되어 있어 개구리는 물론 도롱뇽도 쉽게 볼 수 있었고, 지금은 청설모에게 쫓겨나 보기 힘든 다람쥐도 많았다. 매주 이곳에서 놀았음에도 전혀 질리지 않을 만큼 국립묘지는 우리에게 훌륭한 놀이터였다. 대학교 교정과는 달리 이곳저곳 탐험이 가능했고, 달마산과 달리 안전했다. 헌병이 곳곳에 지키고 있으니 안전은 애초부터 문제가 될 수 없었다. 오후 6시면 문을 닫아 조금 일찍 나와야 했던 것이 유일한 단점이었다. 국립묘지는 오랫동안 우리의 놀이터였다.

어른의 놀이터

친구의 수가 많아지니 관계의 망이 넓어졌다. 다만, 넓어진 관계의 망이 반드시 긍정적인 효과를 만들어내는 것은 아니었다. 관계의 양과 질 그리고 맺는 방식이 다양해질수록 갈등의 발생도 잦아졌다.

이 과정에서 갈등은 주먹다짐에 가까운 싸움으로 번지기도 하고 조기에 수습되기도 했다. 갈등 유발자가 되기도 하고, 중재자가 되기도 하고, 때론 판정관이 되기도 하면서 우리는 성장했다. 관계의 망에서 이탈하는 친구가 생길 때면 가슴 아팠지만, 그 원인에 대해 논의하면서 망이 깨지지 않도록 경험을 통해 학습했다. 자연스럽게 사회적 학습을 한 것이다.

사회적 학습은 집단 구성원이 위기 상황을 공유하면서 이를 극복해 나가는 것을 함께 배우는 과정으로, 결과보다 과정에 초점이 맞추어져 있다. 공동체는 위기 앞에 주춤하기도 하지만 그 위기를 통해 함께 배움으로써 미래의 위기에 대응할 역량을 기를 수 있다. 이 과정의 반복은 공동체의 회복력(리질리언스)을 높인다. 사람은 놀이의 공간에서 학습하며 '리질리언스'라는 내공을 쌓는다. 그래서 누구에게나 놀이터가 필요하다.

요즘 아이들은 키즈 카페에서 놀이를 배운다. 키즈 카페에서는 또래 아이들을 무작위로 만난다. 이렇게 만난 아이들은 다음을 기약할 수 없으므로 또래 집단, 즉 공동체가 형성되지 못하고, '회복력'을 기를 기회가 적을 수밖에 없다. 공동체가 형성될 수 있는 진짜 놀이터가 필요하다.

한편 놀이터는 어른에게도 필요하다. 위기의 상황은 나이가 들어감에 따라 생존의 문제와 직결되는 치명적인 경우가 많은데, 혼자 힘으로는 이를 감당하기 어렵다. 그렇기에 평소에 위기에 대해 공부할 수 있는 놀이터가 필요하다. 영화관이나 쇼핑센터, 공원은 사람을 모으는 힘은 있지만 공동체를 통해 회복력을 기를 수 있도록 하는 공간은 아니다.

사람들이 모여서 공동체임을 확인하고 서로의 어려움을 공유하며 회복을 위한 방안을 함께 고민하는, '어른을 위한 놀이터'가 더 많아질 수는 없을까? 아이들의 놀이터처럼 관계 맺는 법과 갈등을 조정하고 해결하는 법을 배울 수 있는 공간이 어른에게도 주어진다면, 도시 안에서 발생하는 다양한 위기를 극복할 내공이 지역사회에 학습되어 쌓일 수 있을 것이다. 나는 이런 공간 중 하나가 '동네 책방'이라고 생각한다.

동네 문제를 고민하는 책방,
안성의 다즐링북스

공부를 마치고 한국으로 돌아온 난 주로 사회적경제의 연구에 매진했다.

사회적경제는 현장 지향성이 강한 학문 분야이다. 글로 사회적경제를 배운 나는 이내 한계에 봉착했다. 글로는 충분히 이해가 가는데 현장이 궁금했고, 글이 말하는 이론과 맥락이 현장에 적용되는지 궁금했다. 하지만 현장을 단순히 체험하는 것은 이 복잡한 세계를 이해하는 데 크게 기여할 것 같지 않았다. 그래서 아예 현장 활동가가 되어보기로 하고 지역지원센터에서 일할 기회를 모색했다. 다행히 기회가 주어졌고 현장에서 날 것의 사회적경제를 느끼고 있다.

내가 거주하는 안성은 참 한결같은 도시이다. 안성을 좋아하는 사람은 안성이 한결같아서 좋다고 말하고, 안성을 싫어하는 사람도 안성이 한결같아서 싫다고 말하는, 그런 도시이다. 안정감과 평안함을 주지만, 변화를 두려워해서 발전이 없는, 양면성을 내재한 도시가 안성이다. 이런 도시의 정체성은 청년층의 이탈을 불러왔고, 도시는 빠르게 고령화되었다. 진학을 위해 도시를 떠난 주민의 자녀는 고향으로 돌아오지 않는다. 이 도시에서는 그게 상식이 되어버렸다.

그런데 어떤 청년이 고향으로 돌아와 책방을 차렸다. 홍차향 가득할 것 같은, 동네 책방 '다즐링북스'가 이 이야기의 주인공이다.

다즐링북스는 경기도 안성의 구도심에 있다. 처음 방문했을 때는 주택가에 숨어 있어서 찾기 어려웠지만, 지금은 사람의 왕래가 많은 곳으로 이전해서 비교적 쉽게 찾을 수 있

이전하기 전의 다즐링북스 모습. 문을
열고 들어서면 오른쪽으로 책 진열대가
있고, 왼쪽으로는 토론을 위한 긴
탁자가 있었다. 그리고 탁자 너머로는
음료를 만들고 사장님이 책을 읽을 수
있는 공간이 있었다.

다. 지인이 홍차 한 잔 하러 나오라고 부른 곳이 다즐링북스, 이곳 손님들은 '다북'이라는 애칭으로 부르는 곳이었다.

　문을 열고 들어서니 이미 서너 명의 청년이 책을 읽고 있었다. 그들은 이미 이 공간의 오랜 손님처럼 보였다. 평소 우리 아이를 예뻐했던 지인을 만나는 자리였기에 아들과 함께 이곳을 찾았다. 지인과 친분이 있던 처제도 곧 소식을 듣고 합류했다. 나만 모르고 있을 뿐, 이미 처제와 지인에게 다북은 동네의 유명한 장소였다.

　사장님에게 다즐링북스를 오픈하게 된 이유에 대해 물었다. 매우 간략하지만 곱씹어볼 만한 대답이 돌아왔다.

　"사람을 만나고 싶었어요."

　안성에서는 청년이 청년을 만나기가 생각만큼 쉽지 않다. 청년을 위한 공간이 부족하고 이들을 한 곳으로 묶을 청년 정책도 다른 시군에 비해 뒤처져 있다.

　안성으로 돌아온 청년의 '사람을 만나고 싶었다'는 말 한마디가 무겁게 들렸다. 그렇지만 사장님의 소박한 소망은 이루어지고 있는 것으로 보였다. 여덟 개 정도의 책 모임이 정기적으로 혹은 부정기적으로 이어지고 있었으며 손님의 발

　　　　　　　　　　　　　　　　　　도시, 다시 살다

걸음도 잦은 편이었다.

주택가에 숨어 있던 다북이 세상과 더 가까워지기 위해 번화가로 나왔다. 현재의 다북은 국립한경대학교의 산학협력단 건물 맞은편에서 역사를 이어나가고 있다. 다북의 단골들은 스스로를 '다북이'라 부른다. 다북이는 주장(책 모임의 리더를 일컫는 다즐링북스의 용어)이 되어 책 모임을 이끌기도 하고 다른 책 모임의 회원으로 참여하기도 한다.

다북에 충성하는 다북이는 10~15명 정도 되는 것으로 보였다. 이들은 이 공간의 활성화를 위해 열심이었다. 이 공간에 반한 나는 주민과 함께하는 실험적 학습 모임인 '마실공부'를 론칭했다. 마실공부는 동네 마실 나오듯이 가벼운 차림과 마음으로 들러 차 한 잔하며 가볍게 공부하고 돌아가는 학습모임으로 설계되었다.

시즌1은 공동체 운동의 중요성과 안성의 활성화를 위해 4회차에 걸쳐 진행되었고, 시즌2는 코로나19로 인해 한 차례 특강으로 진행되었다. 다북과 함께하는 마실공부는 도시, 공동체, 마을만들기, 사회적경제 등에 대해 공부하고자 하는 주민이 있는 한 지속될 것이다.

시즌2의 특강은 한국출판문화산업진흥원 후원을 받아 '시대를 읽는 강연'의 일환으로 기획되었다. 덕분에 나는 좋은 책을 쓴 작가들과 함께 특강에 나서는 기쁨을 누릴 수 있었다.

내 특강이 열리던 날, 참석자들에게 '개인 컵을 가지고 오세요. 음료는 제공되지만, 컵은 제공되지 않습니다.'라는 문자메시지가 간 모양이었다. 안성의 환경을 걱정하시던 사장님이 일회용 컵을 효과적으로 수거할 방법을 고민하던 기억이 나서 사장님다운 공지라는 생각을 했다. 그러고 보니 책방 곳곳에 환경, 기후위기, 생태, 건강 등에 관한 책이 꽂혀 있었다.

특강을 준비하면서 사장님께 '꿈'이 무엇인지 물었다. 의외의 대답이 돌아왔다.

"자전거 도로를 만들고 싶어요. 아주 멀리 출퇴근하는 분들은 어쩔 수 없지만, 가까운 데로 가시는 분들은 모두 자전거를 타고 왔다갔다 하면 좋겠어요. 그리고 도로 주변도 예쁘게 꾸미고요. 도시 안에서 자전거만 타고 다닐 수 있으면 얼마나 좋을까요."

보통 책방 사장님의 꿈과는 거리가 멀었다. 사장님의 꿈은 책방이 아니라 공동체를 향하고 있었다.

동네 책방이 주는 매력 중 하나는 나를 위한 책을 발견할 수 있다는 점이다. 대형 서점은 많이 팔릴 책을 진열하지만, 동네 책방 사장님은 손님에게 읽히고 싶은 책을 진열한다. 손님이 모이면 주민이 되고, 주민이 모이면 공동체가 된다. 따라서 사장님이 진열한 책은 공동체를 위한 책이라 할 수 있다.

새롭게 이사한 다즐링북스에서 사장님(오른쪽)이 손님들에게 책을 골라주고 있다. 동네 책방이 주는 매력 중의 하나가 나를 위한 책을 발견할 수 있다는 점이다. 대형 서점은 많이 팔릴 책을 진열하지만, 동네 책방 사장님은 손님에게 읽히고 싶은 책을 진열한다.

다즐링북스의 책 모임 모습. 이곳에서
열리는 각종 모임의 주최자와 참여자가
되는 이들에게 동네서점은 어느새
놀이터가 되었다.

코로나19 전까지 다즐링북스에서는 책 모임뿐만 아니라
다양한 소모임이 열렸다. 안성의 청년들과 함께하는 '손으로
생각하는 원데이 클래스'에서는 나만의 책갈피 만들기, 나만
의 북커버 만들기, 나만의 독서대 만들기 등이 진행되었고,
'일본어 클래스'와 '영어 클래스'도 진행하였거나 진행 중에
있다.

이곳에서 열리는 각종 모임의 주최자와 참여자가 되는 다
북이들에게 다즐링북스는 놀이터이다. 어린 시절, '오늘은
친구와 뭐 하고 놀지?'에 관한 고민이 이제는 '다북이들과 함

도시, 다시 살다

께 뭐 하고 놀지?'에 관한 고민으로 바뀌었을 뿐이다.

특별한 일정이 없는 날 난 노트북을 들고 다북으로 향한다. 그곳에는 안성의 미래를 함께 고민할 사장님과 다북이들이 있다. 지역을 고민하는 사장님과 자주 만나고 함께하다 보니 이 공간을 찾는 이들은 어느덧 공동체로 진화했다. 그리고 안성의 도시 문제 해결을 위한 방안들이 하나씩 '기획'되기 시작되었다.

코로나19가 물러날 다가오는 봄, 안성의 다즐링북스는 시민과 함께하는 플리마켓을 준비 중이다. 아마도 지역 청년들과 함께하는 '작은 리싸이클링 축제'가 될 것 같다. 환경 관련 책을 집필한 작가와의 북토크쇼도 프로그램 중 하나로 기획하고 있다. 특강 참가 손님에게 자기 컵을 가져오라고 공지한 사장님의 배포가 큰 결실을 볼 날이 머지않았다.

지역의 담을 허물고 싶은 책방,
부여의 책방 세간

부여의 책방 세간은 두 번 만났다. 비가 예정된 어느 여름날에 만난 세간은 흐린 날씨 탓에 사진으로 레트로한 아름다움을 담기 힘들었다. 약간의 시간이 흐르고 계절이 바뀌었다. 어느 겨울 날 새벽에 눈이 제법 내렸지만 구름 하나 없이 파란 하늘을 보자마자 부여로 차를 몰았다. 눈이 하얗게 내려앉은 세간의 지붕과 파란색의 하늘 배경이 어우러진다면, 괜찮은 그림이 나올 것만 같았다.

책방 세간은 부여군 규암면에 있는 동네 책방이다. 부여군은 경주시 못지않은 역사의 본향이다. 백제 시대 부여의 명칭은 '사비'였다고 한다. 사비는 백제 성왕이 국호를 남부여로 바꾸고 웅진에서 천도한 이후 538년부터 660년까지 백제의 수도였다. 100년이 넘는 시간 동안 백제의 수도였던 부여의 땅은 역사 유물로 가득하다. 특히, '관북리 유적·부소산성'과 '능산리 고분군', '정림사지'와 '부여 나성' 등으로 구성된 백제역사유적지구는 유네스코 세계문화유산으로 등재되어 세계적으로도 명성을 떨치고 있다. 북동쪽에서 남동쪽으로 흐르는 금강은 역사의 본향에 자연의 아름다움을 더하고, 비옥한 충적평야는 풍요를 약속하는 듯 하다.

하지만 현대의 부여군은 쇠락의 길 위에서 쉽게 빠져나오지 못하고 있다. 2010년 7만 5천이 넘었던 주민등록인구가

2020년에는 6만 5천으로 줄었다. 거의 매년 평균 천 명의 주민이 부여에서 꾸준히 이탈하고 있는 상황이다.

책방 세간이 있는 규암면은 부여군 안에서는 부여읍 다음으로 인구가 많은 행정 구역이다. '규암마을'로도 불리는 규암면의 규암리는 중부 지방 물길 교통의 요지였던 규암나루터와 함께 흥하기 시작했다. 독립 후 200가구가 넘게 살던 마을이었고 극장과 백화점까지 있었지만, 육상 교통로가 개발되면서 쇠퇴가 시작되었다. 주민이 떠난 마을에는 방치된 빈집과 빈 상가가 즐비했다.

'자온길 프로젝트'*는 이런 규암마을의 빈집과 상가 건물을 활용해 도시의 재생을 꾀한 프로젝트이다. 그 첫 시작이 책방 세간이었다.

책방이 문을 여는 오전 11시보다 일찍 도착해 마을을 돌아볼 여유가 생겼다. 빈집과 상가를 리노베이션한 사례가 많은 마을이니 만큼 어느 방향으로 발걸음을 옮겨도 공부할 공간이 정말 많았다.

보이는 곳부터 시작했다. 세간의 바로 옆에는 '편집샵 부

---

* 스스로 '자(自)' 자와 따뜻할 '온(溫)' 자가 합쳐진 이름으로, '스스로 따뜻해지는 길'이라는 뜻이다.

여서고'가 이미 문을 열고 손님을 기다리고 있었다. 부여서
고는 아시아 소품을 판매하는 공간인데 문을 열고 들어서니
사장님께서 인사를 건네셨다. 이곳의 물건은 마을 근처 공방
에서 들여온다고 했다. 카드와 명함을 넣을 수 있는 가죽 지
갑을 구입하고 부여서고를 나오려는데 문득 편집샵의 이름
을 '서고'로 정한 이유가 궁금했다. 사장님은 서고의 책처럼
다양한 나라의 문화와, 예술이 찬란했던 백제 부여의 문화가
이 공간에서 어우러져 새로운 미래를 열길 바라는 마음으로
'부여서고'라는 이름을 붙였다고 답해주셨다.

도시, 다시 살다

부여서고의 맞은편에는 '금강사진관'이 있었다. 오래되어 보이는 간판이 눈에 띄는 가게였다. 간판이 주는 의미가 궁금했다. 보존의 관점에서 간판을 그대로 활용한 것인지, 혹은 의도적으로 새로 제작한 간판인지 궁금했다. 이 의문은 금방 풀렸다. 잠시 간판을 바라보고 있는데 마을 주민으로 보이는 할아버지 한 분이 곁으로 다가와 사진관에 일이 있냐고 말을 건네셨다. 나는 간판이 특이해서 잠시 보고 있었다고 답했다. 할아버지는 원래 사진관이 처음 생길 때부터 있

금강사진관의 간판은 원래 사진관이 처음 생길 때부터 있던 것을 지금까지 계속 쓰는 것이다. 사진관의 오른쪽 유리에 사진관의 주인이 마을 주민에게 전하는 편지가 붙어 있었다.

던 간판을 지금까지 계속 쓰는 것이라며, 지금은 사진관을 운영하던 분의 아들이 이어받았다고 알려주셨다.

사진관의 오른쪽 유리에 사진관의 대표가 마을 주민에게 올리는 편지가 붙어 있었다. 사진관에는 사연이 많은 듯했다. 편지의 내용은 둘째 치고 전달의 방식이 재미있었다. SNS 게시물 하나로 쉽게 단체 편지를 쓰는 시대인데 사진관 사장님은 한 자 한 자 정성껏 적은 편지를 사진관 앞에 붙여놓았다. 편지마저 빠르게 소비되는 시대에 이를 역행하는 주인의 마음은 마을 주민에게 느리지만 충분하게 녹아들었을 것이다.

'수월옥'과 '웃집'도 이 거리의 명물이다. 수월옥은 술과 음식을 팔던 요정이 카페로 변신한 곳이다. 전통 도자기에 커피와 차를 담아 내어주는 분위기 있는 찻집이었다.

웃집도 수월옥처럼 옛날에 술을 파는 집이었다. 다만, 수월옥이 지체가 높으신 분들의 회합 장소였다면 웃집은 서민을 위해 부지런히 탁주를 내오던 주막이었다. 현재 이곳은 한쪽은 규방공예 공방으로, 다른 한쪽은 에어비앤비를 통한 스테이 숙소로 활용되고 있다.

웃집은 집 위에 집을 한 채 더
얹은 구조이다. 원래 주막이었다.
사진에서 보는 쪽은 스테이
공간으로, 다른 쪽은 공방으로 활용
중이다. 웃집의 오른쪽 아래에
'웃'이라는 로고가 그려져 있다.

세간은 2018년 5월에 문을 열었다. '임씨네 담뱃가게'로 불리던 이 공간은 자온길 프로젝트의 시작을 알린 곳이다.

세간과의 첫 만남은 완전히 우연의 산물이었다. 부여에서 미팅이 있었고, 미팅을 원했던 지인이 수월옥에서 커피를 권했다. 커피를 마신 후 약간의 여유가 생겨 동네를 걸었다. 빈 집과 빈 상가가 꽤 보였고, 마을의 활력이 매우 떨어져 있음을 느낄 수 있었다. 그래도 걷는 재미는 쏠쏠했다. 여기저기 오래되고 손때 묻은 공간이 매력적이었기 때문이다. 그중 세간이 으뜸이었다.

　세간 앞에서 들어갈까 말까 망설였다. 동네 책방을 찾을 때마다 반드시 커피를 시켜야 한다는 강박이 있었기 때문이다. 책 판매 수익만으로 운영되기 어려울 것이고 수입의 상당한 비중이 음료 판매에 의존하고 있을 터였다. 그런데 이미 수월옥에서 커피를 마셨으니 내 속이 한 잔 더 마실 수 있는 여력이 있을지 확신할 수 없었다.

책방 세간의 내부는 두 공간으로 분리되어 있다. 문을 열자마자 반짝거리는 은박의 벽면을 만날 수 있고, 이 공간을 지나면 오른쪽으로 음료를 시킬 수 있는 공간이 있다. 그 앞으로 손님이 앉을 수 있는 테이블이 놓여 있다.

도시, 다시 살다

고민은 길지 않았다. 바로 문을 열고 들어섰다. 책 진열장이 놓인 벽면이 은박이었다. 첫 방문에서는 일반적인 동네 책방의 이미지와는 달라 적잖이 놀랐다. 하지만 두 번째 방문에서 내부의 벽면을 은박으로 한 이유가 이곳이 담뱃가게였기 때문이라는 것을 알게 되었다. 건축가의 센스가 돋보이는 대목이었다.

사장님에게 책 추천을 부탁드렸다. 그런데 그분은 자신은 사장이 아니고, 직원도 아니고, 잠시 이곳에 머무는 사람이라고 소개했다. 그래서 책 추천은 힘들 것 같다고 안타까워했다. 잠시 머무는 분이 과연 음료를 준비해 주실지 걱정이었는데 예상과 다르게 음료의 맛은 정말 훌륭했다. 잠시 앉아 이곳저곳 눈으로 훑고 있는데, '잠시 머무는 분'이 내게 의외의 제안을 하셨다.

"책을 한 권 읽어 드리고 싶어요."

처음 경험하는 상황이어서 약간 당황했지만, 시간적 여유도 충분해서 거절할 이유를 딱히 찾지 못했다. 그분은 진열장에서 책을 한 권 집어 들고 내 앞에 앉으셨다. 브리타 테켄트럽이라는 작가가 쓴 '빨간 벽'이라는 동화였다. 난 이야기에 금방 젖어 들었다.

생쥐가 사는 마을에는 빨간 벽이 있었다. 그런데 그 너머를 구경한 생쥐는 한 명도 없었다. 벽 너머의 세상이 너무 궁금했던 생쥐는 늑대 아저씨와 곰 아줌마 등등에게 벽 너머의 세상에 대해 물었고 같이 가자고 졸랐다. 하지만 어떤 이는 귀찮다는 이유로, 다른 이는 시간이 없다는 이유로 매몰차게 거절했다. 생쥐의 궁금증은 더욱 깊어만 갔다. 어느 날 빨간 벽 너머에서 새가 한 마리 날아왔다. 생쥐는 새에게 벽 너머의 세상에 대해 물었다. 새는 벽 너머의 세상은 정말 아름답다고 설명해줬고 혹시 원하면 자신이 들고 날아올라 구경시켜 줄 수 있다고 했다. 생쥐는 너무 기뻤고 마침내 벽 너머의 세상을 마음껏 구경할 수 있었다. 정말 아름다운 세상이었다. 이제 돌아가야 할 시간이 되었다. 생쥐는 아쉬운 마음을 뒤로하고 새에게 돌아가 달라고 부탁했다. 새는 생쥐가 살던 마을로 향했다. 마을에 도착할 때 즈음에 놀라운 일이 벌어졌다. 빨간 벽이 보이지 않는 것이었다.

이렇게 이야기는 끝이 났다. 빨간 벽은 원래 없었다. 이 열린 결말이 주는 의미에 대해 고민을 시작하려는 순간, 책을 읽어준 '잠시 머무는 분'이 내게 질문을 던졌다.

"선생님의 빨간 벽은 무엇인가요?"

질문을 받은 나의 머리와 마음에는 너무나 많은 '빨간 벽'이 떠올랐다. 그중에 무엇을 먼저 꺼내 놓아야 할지 알 수가 없었다. 가슴이 먹먹했다. 우리 앞에 놓인 벽은 실은 대부분 존재하지도 않는 벽이다. 존재하지도 않는 벽 때문에 꿈꾸기

다시 만난 세간은
아름다웠지만
'잠시 머무는 분'은
떠나고 없었다.

를 포기하는 존재가 사람이다.

부여의 규암마을을 살리기 위한 노력의 시작으로 동네 책방을 기획한 것은 기획자의 탁월한 안목이다. 책방에서 사람은 사람을 만난다. 마을이 겪는 아픔이 공유되고 어설프지만, 해결 방안이 모색되는 공간이 동네 책방이다. 동네 책방의 지기들은 마을이 처한 문제에 대해 고민하고, 진열된 책과 소모임, 북 콘서트 등을 기획하며 그 문제에 정면으로 대응하는 사람들이다.

부여의 규암마을에는 보이지 않는 벽이 있을지도 모른다. 긴 시간 동안 방치된 마을에서 사람은 희망을 잃었을 것이고, 꿈꾸는 것 자체가 부질없다고 느꼈을 것이다. 그 벽을 허물고자 하는 책방 세간의 미래가 더욱 궁금하다.

동네의 숨은 기획자,
동네 책방

동네마다 책방이 하나 정도는 있어야 한다. 아이에게 관계를 맺고 성장하는 공간이 필요하듯, 어른에게도 관계를 맺고 성숙하는 공간이 필요하다. 이런 공간이 마을마다 주어진다면, 마을 공동체의 회복이 가능하다.

동네 책방은 '기획'의 공간이기도 하다. 동네 책방지기들은 공동체에 필요한 책을 선정하고, 책의 내용으로 책 모임과 북 토크쇼를 개최하여 문제의식의 확산에 이바지한다. 이렇게 시작된 기획은 도시 안에 '가치'로 스며들어 문제 해결의 실마리를 제공한다.

쇠퇴하는 도시를 일으키고 싶다면, 동네 책방부터 시작하면 어떨까. 공동체를 다시 활성화하고, 공간을 재구조화한 후 첫 번째 기획으로서의 동네 책방은 꽤 멋진 일이다.

도시와 마을 그리고 공동체가 무너지지 않기를 간절히 소망하는 우리 모두에게는 책무가 하나 있다. 마을에서 동네 책방을 찾아보고, 최대한 이용하는 것이다. 사야 할 책이 있다면, 동네 책방 사장님은 비록 그 책이 책방의 진열대에 없더라도 손님을 위해 기꺼이 주문해주실 것이므로 사장님께 문의하고, 이왕 마실 커피라면 종이의 향과 잘 어우러지는 책방의 커피를 마시고, 책방의 스터디 모임과 북 콘서트를 통해 배움을 확장하는 것이다.

책방이 도시에 있는 한, 도시는 망하지 않는다. 안성의 다즐링북스에는 매주 금요일마다 '모나드(Monad)* 의 창'이라는 책 모임이 진행된다. 모나드의 창을 이끄는 주장이 회원을 모집하기 위해 게시한 글귀를 소개하면서 글을 마무리한다.

"우리는 타인을 이해할 수 있을까요? 저는 하나도 이해할 수 없다고 생각합니다. 우리는 모나드로 구성되어 있고, 모나드에는 창이 없기 때문이죠. 하지만 우리는 이 '창이 없는 모나드'에 창을 내려는 노력을 하고 있습니다. 책에 대해 이야기하고 귀를 기울이는 과정 속에서 자연스럽게 창을 내는 경험을 나누고 싶습니다."

---

* 독일의 철학자 라이프니츠는 '존재론'에서 모든 사물의 가장 기본이 되는 단위를 모나드(Monad)라고 칭했다.

도시, 다시 살다

모나드의 창

우리는 타인을 이해할 수 있을까요? 만약 그렇다면 어디까지 이해할 수 있을까요? 저의 생각은 '하나도 이해할 수 없다.'입니다. 우린 자신의 시선으로 타인을 보고 이해할 수밖에 없는 존재니까요. 그럼에도 우리는 서로를 이해하려고 노력하고 있습니다.

금요일 밤 작은 모임, 〈모나드의 창〉을 통해서 말이죠. 모나드란 범박하게 말하자면 우주를 구성하는 최소단위 라고도 할 수 있습니다. 우리도 이런 모나드로 이루어진 존재죠. 그리고 모나드는 기본적으로 창이 없습니다. 하지만 우리는 이 '창이 없는 모나드'에 창을 내려는 노력을 하고 있습니다. 어떻게?

매주 금요일 저녁, 자유롭게 각자의 책을 읽고, 읽은 내용을 서로에게 이야기합니다. 이렇게 얘기하고 귀를 기울이는 과정 속에서 자연스럽게 모나드에 창을 내는 경험을 나누고 싶습니다.

- '모나드의 창' 주장, '우리' 씀

모나드의 창에 참여한 청년들은 서로에 대한 이해의 폭을 넓혀 곧 공동체 활성화의 주인공이 될 것이다.

오래된 도시에서
역사적인 도시로

군산의 구도심 여행

집으로 오는 길

내가 다니던 초등학교에서 우리 집까지는 대략 10분 정도 걸으면 되는 거리였다. 실제 거리는 아마 500미터 남짓일 것 같다.

초등학교의 정문을 나서면 육교가 있었다. 서울의 9호선 흑석역이 생기기 전까지는 넓은 차로를 건너기 위해 육교를 이용할 수밖에 없었다. 육교를 건너 집으로 향하는 그 짧은 길 위에는 문방구와 떡볶이 포장마차, 오락실과 같은 놀 거리와 먹을 거리가 풍부했다. 문방구 옆에는 지금은 사라진 '훼밀리'라는 핫도그 전문점도 있었다. 가난했던 시절이니 쉽게 먹지는 못했어도 할머니를 며칠 조르면 훼밀리의 핫도그를 먹을 수 있었다. 맛은 전혀 기억나지 않지만, 신기하게도 아직 '훼밀리' 사장님의 얼굴은 잊히지 않는다. 가게를 정리하실 때, 나를 붙잡고 많이 우셨다. 나를 그렇게나 예뻐하셨던 핫도그 가게 사장님은 따뜻함이 있었다.

문방구 사장님은 파마머리 아저씨였다. 내 생애 첫 지출 시도는 이 문방구에서 우표를 샀던 일이었다. 몇 학년인지 기억은 나지 않지만, 나는 30원짜리 우표를 2장 사기 위해서 50원을 들고 이 문방구를 찾았었다. 우표를 사기 위해서는 우표에 표시된 가격을 지불해야 한다는 것을 전혀 모르던 아이였다. 이 사건을 왜 지금도 기억하고 있는지 잘 모르겠지만, 사장님은 웃으며 10원을 더 가져오면 우표를 2장 살 수 있다고 말씀하셨고, 나는 슬퍼하며 뒤돌아 집에 왔다. 다음 날 나는 60원을 가지고 우표를 사러 다시 문방구를 찾았다. 아저씨는 기특하다며 선물로 사탕 하나를 주셨고, 이것이 인연이 되어 아저씨와 난 친해졌다.

문방구와 오락실 뒤편의 골목에는 떡볶이 포장마차가 있었다. 인상 좋은 포장마차 아주머니는 하교 시간에 맞추어 달달한 떡볶이를 완성해 놓으셨다. 나는 늘 고민했다. '떡볶이를 먼저 먹고 오락실에 갈 것인가, 오락실을 먼저 들르고 떡볶이를 먹을 것인가?' 초등학생인 나에게 매우 중요한 문제였다. 가끔 오락실에 먼저 가는 바람에 돈이 남지 않아 포장마차에 들르지 못하면, 다음 날 포장마차 아주머니는 꼭

도시, 다시 살다

내 안부를 물으셨다.

지금은 누구도 그 자리에 없다. 그들이 있었던 그 자리도 더 이상 없다.

라일락 향기

초등학교에서 중학교까지 나는 아주 작은 마당이 있는 집에 살았다. 마당에는 라일락 나무 한 그루가 있었다. 철 대문을 열고 마당으로 들어서면 라일락 향기가 강하게 나를 자극했다. 집의 전체적인 구조나 나무의 생김새도 기억에 거의 없는데 이상하게 라일락 향기는 기억에 남는다. 기억에 남은 것이 아니라, 마음에 남은 것인지도 모른다.

난 어려서부터 시인이나 소설가가 되고 싶었다. 문학을 전공한 어머니의 피가 흐르는지 종이에 뭔가를 적는 것을 좋아했고, 백일장에서 상도 곧잘 탔다. 심심하면 우유 한 잔 들고 마당으로 나가 라일락 나무에 기대어 글을 썼다. 무슨 시를 썼는지 전혀 기억에는 없지만, 그 순간이 행복했던 것은 확실했다.

아버지는 개척교회의 목사였다. 교회는 허름한 상가 건물의 2층에 세워졌는데 대부분의 성도가 인근 대학의 학생이었다. 사람이 40명에서 50명 정도 앉으면 빈 공간이 없을 정도의 소박한 크기의 교회였다. 목회를 시작하신 지 시간이 좀 흐르고 성도의 수도 차츰 늘어나자 새로운 예배 장소가 필요했다. 하지만 대학생으로 구성된 교회에 돈이 모일 리가 없었다. 결국, 아버지는 우리가 살던 집에 교회를 세우기로 하셨다. 아주 작은 마당 딸린 집은 내가 중학교 3학년 때 헐렸다.

우리 가족은 월셋집으로 이사를 했다. 새 집은 원래 우리 집으로부터 걸어서 15분 거리에 있었다. 학교에 가려면 새로 구한 집에서 원래 우리 집이었던 교회의 터를 거쳐 언덕을 한참 올라야 했다.

어느 날, 학교에 가는 길이었다. 15분 정도를 걸어서 예전 우리 집 앞에 도착한 나는 평생 잊지 못하는 광경 하나를 목격했다.

라일락 나무가 뽑히고 있었다. 교회의 건축이 시작된 것이다. 표현하기 힘든 슬픔으로 눈이 따가워졌다.

도시, 다시 살다

흔하지 않은 구도심

1980년대 28만이 넘었던 군산의 인구는 2007년에 26만 정도로 줄어들었다가 회복세를 보인 바 있다. 하지만 회복의 기미는 오래 가지 못했다. 2017년에 현대미포조선에 이어 2018년에 한국GM 군산 공장이 문을 닫으면서 인구의 유출이 심해져 지금은 다시 26만 선이 위협받고 있다.

군산은 1개의 읍과 10개의 면 그리고 16개의 동으로 구성된 전라북도 서북부의 자치시이다. 전통적으로 상업의 중심지는 현대 군산의 구도심으로 불리는 영화동과 영동 그리고 중앙로 일대였다. 영화동과 영동은 모두 법정동 이름으로서 행정동은 각각 월명동과 중앙동에 포함된다. 이 지역은 1990년대 중반부터 나운동이 개발되고, 2010년에 들어서 수송지구와 미장지구, 조촌동 그리고 디 오션시티가 개발되면서 활력을 잃고 일부 슬럼화가 진행되었다.

도시가 쇠퇴하는 가장 큰 이유는 신도시 개발 때문이다. 대체로 계획되지 않은 채 상권이 만들어지면, 도시의 인구가 폭발하는 시기를 경험하게 된다. 넘쳐나는 도시의 일자리는 청년부터 장년 그리고 노년에 이르기까지 전 세대의 인구 유입을 유인한다. 하지만 고점이 지나면 인구의 지나친 유입은 도시에 독으로 작용할 수밖에 없다. 일자리보다 인구가 많아지는 역전 현상이 발생하고 공장의 밀집으로 인해 환경 오염이 심각해진다. 인구의 폭발적인 유입에 초점을 맞추어 공급된 상가와 아파트의 공실이 늘어가면서 성장의 한계에 봉착한다.

이때부터 정부 안의 개발 신봉자와 개발업자는 결탁하여 새로운 개발을 위한 공간을 물색한다. 구도심의 인구 분산과 서울의 인구 분산을 모토로 내걸고 구도심에서 멀면 차로 1시간, 가까우면 15분 내외의 거리에 신도시를 건설한다. 새로운 상권과 학군이 만들어지면, 그나마 구도심에서 경제적 여력이 있는 주민부터 신도시로의 이주가 시작된다. 이때부터 본격적인 구도심의 쇠퇴가 시작된다.

군산도 이 과정을 그대로 거치고 있다. 나운동의 개발은 상권의 이동을 강제하였고 결과적으로 역사와 전통의 영화동과 영동은 그냥 '오래된 도시'로 잊히기 시작했다. 더욱이 수송지구의 개발이 시작되자 구도심 일대는 정말 명맥만 잇는 그저 그런 '오래된 도시'가 되어 버렸다.

그런데 반전이 일어나기 시작했다. 구도심이 구 군산항의 세관, 창고 등을 포함한 일제강점기 건물의 창조적인 재활용으로 '힙'한 장소로 떠올랐기 때문이다. 전주의 한옥 마을처럼 365일 관광객으로 가득 차는 장소까지는 아니지만, 주말이나 성수기의 인기는 만만치 않다. 군산의 구도심은 흔한 구도심에서 흔하지 않은 구도심으로 진화 중이다.

군산을 여행하는 특별한 방법

군산의 구도심을 오래된 도시에서 역사적인 도시로, 소박하지만 '힙'하게 바꾼 공간을 찾기 위해 군산을 방문했다. '1930 근대 군산'으로 떠난 시간 여행은 가는 곳마다 현대를 사는 이에게 근대의 삶을 선물했다.

'근대문화역사거리'의 시작과 끝에는 '군산 메이드 마켓(Made Market; 수제 창작 마켓)'과 카페 '올드브릭(Old Brick)'이 자리하고 있다. '월명'에서부터 역사거리를 걷는다면, 메이드 마켓이 시작이고, 반대편의 '해망'에서부터 역사거리를 걷는다면, 올드브릭이 시작이다. 길을 걷다가 바다를 만나면 '길의 끝'이라고 느낄 수 있기에 메이트 마켓을 시작으로 역사거리를 걷기로 했다.

　메이드 마켓은 청년 창업가를 위한 인큐베이팅 공간이다. 이곳에 입주한 일곱 명의 청년 창업가는 군산의 문화와 역사를 콘텐츠로 수제 제품을 제작하여 시장에 선보인다. 건물의 내부는 제품을 제작하는 공간과 전시하고 판매하는 공간, 그리고 체험하는 공간 등으로 알차게 구성되어 있다.

메이드 마켓은 1930년 대에 지어진
목조 건축물을 리모델링하여
2020년 6월에 문을 연 청년 창업
인큐베이팅 공간이다. 이곳에서는
'수제 창작'을 콘텐츠로 창업한 청년
창업가의 꿈이 자란다.

도시, 다시 살다

외관은 마치 두 개의 건물이 연결된 것 같은 느낌이 드는데, 기와지붕의 건물이 메이드 마켓이고, ㄱ자 형태로 메이드 마켓을 감싸는 건물은 월명성당이다. 메이드 마켓은 1930년대에 지어진 목조 건축물을 리모델링하여 2020년 6월에 문을 열었다. 메이드 마켓으로 다시 태어나기 전에는 게스트하우스로 사용되었다.

오래된 도시가 역사적인 도시로 진화하기 위해서는 역사가 문화가 되고, 문화는 다시 도시의 브랜드가 되어야 한다.

방치되는 것은 없느니만 못하다. 유산이 현대적인 옷을 입고 도시브랜드로 부활할 때, 도시는 생동감을 회복할 수 있다. 이 과정에서 청년 창업가의 재능이 발휘될 수 있는 길을 정부와 기성세대가 터줘야 한다. 창작과 제품의 제작을 위한 공간이 필요하고, 사업체가 지속할 수 있도록 비즈니스 모델 수립과 마케팅을 위한 컨설팅도 필요하다. 초기 시장 진입이 관건이므로 이를 위한 판로 개척도 신경을 써야 한다. 청년 세대의 일을 그들에게만 맡겨 놓으면, 그들이 돌아오는 도시를 만들 수가 없다.

역사적인 도시는 오래된 사람이 거주하는 도시가 아니다. 역사적인 유산이 다양성의 원천이 되어 고향을 떠난 청년 세

메이드 마켓의 내부는
제품을 제작하는
공간과 전시하고
판매하는 공간,
체험하는 공간 등으로
알차게 구성되어 있다.

대가 고향으로 돌아오는 도시이다. 지역 청소년의 꿈이 도시를 떠나는 것이고, 한 번 고향을 떠난 청년이 뒤도 돌아보지 않는 도시는 필연적으로 늙을 수밖에 없다. 오래된 도시가 청소년과 청년에게 사랑을 받기 위해서는 중장년에게 쏟는 관심보다 큰 애정이 필요하다.

메이드 마켓을 나와 근대문화역사거리를 계속 걷다 보면, 빨간 벽돌의 교회 건물을 만날 수 있다. 한때는 교회였으나 지금은 박물관으로 새로운 삶을 시작한 '군산 테디베어뮤지엄'이다.

빨간 벽돌이 매력적인 이 교회 건물은 군산한일교회의 옛

도시, 다시 살다

예배당이다. 1978년 5월에 시작된 건축은 1년 만인 1979년 6월에 끝이 났다. 군산한일교회의 홈페이지에 따르면, 새 예배당으로의 이사는 2014년에 이루어졌으니 약 35년 정도 교회로서의 삶을 이어온 건물이다. 이후 2년여 간의 리모델링을 거쳐 2016년 5월 어린이날에 테디베어뮤지엄으로 다시 문을 열었다.

옛 한일교회는 두 차례에 걸쳐 교회의 부지를 확장했던 것으로 보인다. 교회의 연혁에 따르면, 1993년과 1999년에

빨간 벽돌이 매력적인 이 교회 건물은
군산한일교회의 옛 예배당이다.
1978년 5월에 시작된 건축은 1년 만인
1979년 6월에 끝났다. 이 매력적인
빨간 벽돌 건물은 35년간 교회로서의
삶을 살았다.

본 건물 주변의 부지를 교육관으로 활용하기 위해 매입했다. 그 부지 중의 일부가 실제 교육관으로 건설되어 현재 뮤지엄의 뒷부분으로 활용되고, 나머지 부지는 주차장과 야외 상점을 위한 공간으로 활용되고 있다. 교회의 확장이 이루어진 덕분에, 결과적으로 박물관으로도 손색이 없는 넓은 실내 공간을 확보할 수 있게 되었다.

군산한일교회의 상황과 앞에서 다룬 러스트벨트 교회들의 상황은 동일한 잣대로 비교하기 어렵다. 러스트벨트의 교회는 성도의 급격한 감소로 문을 닫게 되었지만, 군산한일교회는 성장하여 이전하였기 때문이다. 다만, 교회가 그대로 이 자리에 남아 있었더라면 현재에 어떤 모습일지 쉽게 가늠하기 어렵다. 역사적으로 보존 가치가 큰 교회로서 전주한옥

군산테디베어 뮤지엄은 움직이는 테디베어가 전시된 박물관이다.

도시, 다시 살다

마을의 전동성당처럼 지역의 상징이 되었을 수도 있고, 구도심의 쇠퇴에 따라 성도 수가 급감하여 운영을 포기했을 수도 있다.

결과적으로 교회는 구도심이 급격히 쇠퇴하기 이전에 이사했고, 덕분에 구도심은 다음 세대를 위한 공간을 얻었다.

역사거리의 끝에 있는 카페 '올드브릭'은 구도심의 노후한 창고형 공장을 리모델링한 '공장형 카페'이다. 건물의 사용 이력에 관한 구체적인 정보를 찾기는 어렵지만, 내부에 보존된 기계의 종류를 볼 때, 제분과 관련된 공장이었음을 추정할 수 있다.

출입문 앞에 서면 그렇게 크지 않은 것 같지만, 해망로를 건너 군산 세관 쪽에서 보면 상당한 규모에 놀라게 된다. 공장형 카페답게 넓고 높은 실내 공간이 시원하게 느껴지는 이 카페는 실내 2층, 루프탑까지 포함해 3층의 풍족한 공간을 마음껏 즐길 수 있다.

올드브릭은 이름에서 알 수 있듯이 오래된 벽돌로 건축되었다. 카페의 안과 밖 구석구석에서 오래된 공장의 옛 모습을 상상해 보는 재미가 있다.

올드브릭은 공장형 카페답게 넓고
높은 실내 공간이 시원하다. 오래된
벽돌로 건축된 카페의 안과 밖
구석구석에서 공장의 옛 모습을
상상해 보는 재미가 있다.

도시의 역사적 유산을 보존함으로써 아버지와 어머니의
이야기를 다음 세대로 전할 수 있다. 비록 대단한 영웅 이야
기가 펼쳐지지는 않더라도 너와 나 그리고 우리의 이야기가
모이고 또 모이면, 시냇물이 모여 강을 이루고 강물이 모여
바다가 되듯, 역사가 된다. 다음 세대에 전할 이야기가 많은
도시일수록 문화로 꽃을 피울 콘텐츠가 많을 수밖에 없다.

도시, 다시 살다

구도심 회복의 목적

군산에서의 특별한 여행을 마치면서 독자에게 소개하고 싶은 마지막 장소는 브런치 카페인 '스테이블(Stable)'이다. 가정집을 리모델링한 카페로 음식 하나하나에 세심한 손길과 정성이 느껴지는 곳이다. 분명히 서양식의 브런치 카페인데 집밥을 먹는 것 같은 착각이 들 정도로, 편안함과 따뜻함이 느껴졌다.

식사를 마치고 카페 밖으로 나와 외관을 다시 살피니 'Stable'이라는 금색 글씨 옆에 '安定感(안정감)'이라는 단어가 눈에 들어왔다. 굳이 이 책을 통해 스테이블을 소개할 계획은 없었고, 단지 핫플레이스에서 아침을 먹고 여행의 둘째 날을 시작하려 했을 뿐인데, '안정감'이라는 단어 앞에서 쉽게 발걸음을 돌릴 수 없었다. 스테이블이 소망하는 안정감은 구도심에서 오늘을 사는 모든 사람의 소망이기도 하다.

도시를 부흥시키기 위한 다양한 방법이 정부에 의해 제시되어 왔다. 하지만 도시를 살리겠다고 나선 정부의 정책으로 인해 적지 않은 서민의 안정감은 파괴되었다. 토지자산가

식사 후 카페 밖으로 나와 외관을 다시
살피니 'Stable'이라는 금색 글씨 옆에
'安定感(안정감)'이라는 단어가 눈에
들어왔다. 구도심을 살리기 위한 정부의
도시정책은 서민의 안정감을
회복하는 것이 목적이어야 한다.

와 개발업자의 부는 어머어마하게 축적되었는데, 구도심의
서민은 설 자리를 잃었다. 이들에게 정부의 개입은 재앙이나
다름없었다. 이제 구도심을 살리기 위한 정부의 정책은 서민
의 안정감을 회복하는 것이 목적이어야 한다.

　　결국 오래된 도시를 역사적인 도시로 진화시켜야 하는 이

도시, 다시 살다

유도 서민의 안정감을 위해서이다. 오래된 도시가 완전히 새로운 도시로 바뀐다면, 서민의 삶은 파괴될 수 있다.

'단절'보다 '이음'이 필요하다. 그렇게 오래된 도시가 역사적인 도시가 되어야 한다. 서민의 삶을 존중하고, 그들의 이야기로 새로운 역사를 창조하며, 모두의 자리를 보존하여 안정감을 높이는 도시가 진짜 역사적인 도시이다.

일상 속
즐거운 여행

안성의 두레피디 사업장

천 원짜리 몇 장

우리 세대의 엄마와 아빠가 모두 그러하듯이, 부모님은 정말 바쁜 삶을 사셨고, 난 할머니 손에 자랐다. 할머니는 마지막 숨을 다하는 날까지 손자를 건사하는 것이 유일한 삶의 과업처럼 느껴질 정도로 나를 아껴주셨다. 갑자기 쏟아지는 비에 우산을 학교에 가져다주시는 분은 늘 할머니셨고, 잊고 간 준비물을 살뜰하게 챙겨 학교 수위실에 맡겨 주시는 분도 할머니셨다.

할머니와의 추억 중 하나가 '흑석시장'을 찾는 일이었다. 흑석시장은 내가 다니던 초등학교에서 5분이면 갈 수 있는 전통시장이다. 대부분의 전통시장처럼 이 시장은 그때나 지금이나 적어도 외관상 바뀐 것이 거의 없다. 흑석동이 서울에서는 변두리였던 시절이라 이 시장의 규모는 그리 크지 않았고, 지금까지도 전통시장으로서 명성이 높지는 않다. 그래도 어린 나에게는 필요한 모든 것을 구할 수 있는 어마어마한 곳이었다. 시장 초입에 있는 호떡 가게 사장님은 대학생이 되어 찾은 나를 알아보셨고, 호떡 가게 근처의 떡볶이 가게는 내 입맛을 표준화하여 지금까지도 난 떡볶이를 먹을 때마다 그때 그 맛과 비교한다.

초등학교 시절 흑석시장에서의 가장 큰 기쁨은 신발 가게에 들르는 일이었다. 뛰는 것을 좋아했고, 발 모양도 엄지가 툭 튀어나온지라 보세 운동화는 쉽게 구멍이 뚫렸다. 그때마다 할머니가 굵은 실로 꿰매주셨는데 꿰맨 부분은 얼마 안 가서 다시 벌어지기 일쑤였다. 더 이상 해진 운동화를 어찌해 볼 도리가 없을 때 할머니는 내 손을 잡고 흑석시장으로 향하셨다. 떡볶이와 순대 한 접시를 사주시고선 보세 신발가게에 들러 운동화를 고르라고 하셨다. 운동화의 가격이 얼마였는지 기억나지는 않지만, 할머니가 허리춤에서 천 원짜리를 두어 장 꺼내 가게 주인아저씨에게 주셨던 기억이 있다. 돌이켜보면 참 행복한 순간이었다.

주민사업체의 가치

호떡 가게 사장님처럼 대학생이 된 후에 시장을 찾아도 알아봐 주시는 분이 적지 않게 계셨다. 당연히 이름은 기억하지 못해도 '우리 아들 친구'로 칭하며 반가워하셨다. 시장 안의 작은 가게 사장님들은 여전히 그 자리에 계신다. 모두 내친구의 엄마, 아빠셨고 일부 사업체는 내 친구가 이어받을지도 모른다.

흑석시장에서 나는 주민사업체가 만들어 가는 '가치'에 대해 생각한다. 세상의 모든 가게는 비중의 차이가 있지만, '경제적 가치'와 함께 '사회적 가치'를 지닌다. 경제적 가치는 주민사업체가 지속되기 위해 반드시 추구해야 하는 가치다. 공동체에 필요하지 않고, 매력적이지도 않은 상품과 서비스를 제공하는 사업체라면 지속될 수 없기에 비즈니스 모델에 대한 끊임없는 고민이 필요하다. 어떻게든 돈을 많이 벌어야 존재할 수 있다.

주민사업체는 말 그대로 공동체의 구성원이 창업한 가게를 의미한다. 이런 가게의 특징은 창업을 주도한 사장님이 도시를 사랑하며 지역의 문제에 대해 잘 알고 있다는 점이다. 지역에 대한 애정과 이해는 참여로 이어질 수밖에 없다. 문제 해결을 위해 적극적으로 참여하는 사업체가 많아질수록 공동체는 단단해진다.

주민사업체는 주민과 사업체, 공동체와 사업체, 사업체와 사업체, 행정과 사업체가 서로 '앎'으로 연결되어 있다는 점도 특징이다. 서로의 필요에 대해 알면 다른 사업체의 어려움은 내 사업체가 어려움으로 인식되어 무너지지 않도록 함께 노력한다. 어찌 보면 협동조합의 효과와 유사하다. 그래서 주민사업체가 활성화되면 공동체도 살아난다.

주민사업체는 경제적 가치만으로 평가해서는 안 되고, 사회적 가치의 눈으로 바라보아야 한다.

관광두레와 함께 떠나는 일상 여행

'관광두레'는 문화체육관광부에서 2013년에 시작한 사업으로 주민이 지역 고유의 특색을 유지한 숙박과 음식, 여행, 체험, 레저, 기념품 등을 판매하고 생산하는 관광사업체를 창업하고 경영할 수 있도록 지원하는 사업이다. 관광두레 홈페이지에 따르면, 크게 세 가지의 목적이 있는 것 같다. 지속 가능한 관광의 한국형 실천 해법을 찾는 것과 지역의 주민이 자립하는 지역공동체를 건설하는 것 그리고 관계 맺기를 통해 지역관광의 생태계를 조성하는 것이다. 현재 63개 지역에 총 190여 개의 주민사업체가 이 사업의 일환으로 육성되고 있다.

관광두레사업은 문화체육관광부, 한국관광공사, 지방자치단체(사업 대상지역), 관광두레피디(PD)가 주체가 되는데 이 중 핵심은 관광두레피디이다. 현장에서 주민사업체를 발굴하고 육성하며 경영 개선까지 총괄 지휘를 하기 때문이다.

관광두레피디는 관광두레사업단과 주민, 지자체와 주민, 고객과 주민, 주민과 주민 사이에서 중간지원 역할을 수행하는 기획자이자 활동가이다. 현재 안성에서는 김도영 피디가 이 일을 하고 있다. 김도영 피디의 기획으로 안성에는 다섯 개의 주민사업체가 창업했고, 주민이 자립하는 경제 공동체의 건설을 위해 함께 노력하고 있다.

'목금토 크래프트', '우리동네 파바로티', '안성밀당', '올드타임: 그때 그 시절', '보개바람'은 관광두레 사업으로 안성 지역에서 창업한 주민사업체이다. 이들 사업장을 방문해 보기로 했다. 말하자면 '일상 속 즐거운 여행'인 셈이다.

여행을 위해 반드시 멀리 나갈 필요는 없다. 잠시 눈을 들어 주위를 둘러보면, 우리의 입과 눈 그리고 귀를 행복하게 해주는 주민사업체가 적지 않다. 관광두레 사업체와 적절히 동행하면, 일상이 여행이 되고, 여행이 일상이 될 수 있다.

바람이 시원한 언덕 위의 카페,
'보개바람' – 오전 10:30

여행은 동선과 사업체의 콘텐츠를 고려하여 보개바람부터 시작했다. 보개바람은 창고형 카페, 공장 카페, 수제 베이커리 카페, 감성 카페와 같이 최근 유행하는 카페의 문법을 잘 따르는 안성의 핫플레이스이다. 카페가 위치한 보개면은 인구 수 2만 5천 정도로 안성시 내에서도 크지 않은 행정 구역이다. 보개면은 서쪽으로 안성의 구도심과 인접해 있고, 동쪽으로는 삼죽, 죽산, 일죽 등 농촌 지역으로 이동하는 통로이다. 안성시청과도 가까워 사람의 이동이 많은 점은 카페 운영의 플러스 요인으로 작용하고 있다.

도시, 다시 살다

안성의 보개바람은 방치된 농협의 쌀 저장 창고를 리모델링하여 카페로 새 삶을 얻은 공간이다. 시원한 바람이 살랑대는 언덕 위의 그림 같은 카페로 일상 속 여행을 즐기는 로컬 관광객에게 이미 큰 사랑을 받고 있다. 이 창고는 준공한 지 37년이 된 건물이다. 노후화되어 방치된 창고는 2020년 6월에 농림축산식품부와 농협중앙회가 지원하는 '청촌공간

준공한 지 37년이 된 건물이다.
노후화되어 방치된 창고는 2020년
6월에 농림축산식품부와 농협중앙회가
지원하는 '청촌공간 사업'을 통해 청년
창업공간으로 재탄생했다.

사업'을 통해 청년 창업공간으로 재탄생했다. 농촌의 유휴 공간을 청년 창업을 위한 공간으로 재활용하기 위한 '청춘공간 사업'은 2019년에 1호점이 청주 강내농협의 옛 하나로마트에 오픈함으로써 본격화되고 있다.

대부분의 창고형 카페처럼 보개바람도 넓은 실내를 자랑한다. 테이블이 비교적 거리를 두고 떨어져 있어 오밀조밀한 느낌보다 시원한 느낌이 든다. 2층으로 올라 오른쪽 유리 너머를 보면 현미 도정 시설이 그대로 보존되어 있다. 창고형 카페의 전형으로 제주 한림의 엔트러사이트나 군산의 올드 브릭에서도 공장의 기계가 인테리어 소품으로 변신한 예를 찾아볼 수 있다. 입구를 기준으로 왼쪽에 있는 로컬 푸드 직매장에서는 안성의 지역경제를 위한 소비가 가능하며, 2층 끝에는 파티 룸이 있어 행사를 위한 대여가 가능하다. 1층에는 빵을 만드는 곳과 음료를 만드는 곳이 분리되어 있다. 두 명의 열정 가득한 청년이 각자의 솜씨를 뽐내는 공간이다.

잼과 함께 서빙된 수제 빵과 향이 좋은 아메리카노로 아침 공복의 허기와 여행의 첫 시간을 채우며 다음 목적지, 올드 타임으로 향할 준비를 마쳤다.

추억으로 채운 카페,
'올드타임: 그때 그 시절' – 오후 12:00

원래 계획은 보개바람에서 간단한 브런치를 먹은 후 목금토 크래프트로 향하는 것이었다. 보개바람과 목금토 크래프트는 5분 거리에 있는 반면에 올드타임은 20분 정도 떨어져 있는 까닭에 동선을 그렇게 정했다. 그런데 피디에게 목금토 크래프트는 점심 식사 이후에 방문하는 것이 좋겠다는 연락이 왔다. 목금토 크래프트에 연락을 취해 손님이 방문하기에 편한 시간을 물어본 모양이었다. 급하게 행선지를 올드타임으로 바꿨다. 카페에서 다시 카페로 향하는 것이 괜찮은 선택은 아니었지만, 카페 이상의 장소로 알려진 곳이라 목적지와 가까워질수록 기대는 커졌다. 올드타임은 안성의 오래된 신도시 공도에 있다.

공도의 중심가는 신도시의 느낌은 온데간데없고 구도심의 향기가 난다. 개발된 지 오래되기도 했지만, 멀지 않은 곳에 소사벌 신도시와 고덕 신도시가 연달아 개발되면서 주민의 이탈이 많았다. 신도시이면서도 빈집과 빈 상가가 많은 이유이다. 그 때문에 나는 공도를 '오래된 신도시'라 부른다.

공도는 서울 강남이나 경기 분당 근처에 직장이 있지만, 비싼 집값 때문에 그 근처에 살지 못하는 청장년층을 겨냥하여 개발된 것으로 보인다. 안성 원주민의 비중이 적다 보니 주변에 신도시가 더 개발되면서 주민의 이탈이 많아졌다. 그곳에 창고형 카페, '올드타임: 그때 그 시절'이 있다.

올드타임 앞에는 거대한 재봉틀이 있다. 멀리서 봤을 땐 말(horse) 같았는데 가까이 가서 보니 재봉틀이었다. 올드타

창고형 카페인
올드타임: 그때 그 시절은
안성의 오래된 신도시인 공도에
있다. 공도는 인근에 큰 규모의
신도시가 개발되면서 쇠락의
길을 걷고 있다.

도시, 다시 살다

임은 재봉틀의 시대로 우리를 안내한다. 올드타임의 실내는 카페의 부제처럼 그때 그 시절 동네 거리를 표현했다. 재현한 거리의 색감이 아름다웠다.

조금 전에 가벼운 아침 식사를 했음에도 배가 고팠다. 주문을 하려는데 사장님이 먼저 다가와, 말을 거셨다. "어떻게 오셨나요?" 나는 사장님의 질문이 특이하다고 생각했다. 카페와 근대 박물관을 방문한 이유는 커피를 마시거나 박물관을 구경하기 위함일 텐데 왜 이런 질문을 하셨을까, 궁금했다.

머뭇거리고 있는데 이렇게 말씀을 하셨다. "둘러보시는 눈빛이 이곳에 애정이 있으신 분 같았어요. 처음 뵙는 것 같은데요." 그렇게 봐주시니 너무 감사했고, 정말 애정의 눈으로 둘러봐야겠다는 다짐했다. 핫도그와 콜라를 주문하고 사진기의 셔터를 누르기 시작했다. 기본적인 색감이 훌륭한 곳이므로 사진이 누를 끼치면 안 될 일이었다. 잠시 후 사장님은 핫도그와 콜라 그리고 '추억의 쫀드기'를 한 뭉치 들고 오셨다. 애정의 눈으로 방문한 낯선 이에게 주는 선물이었다.

이곳에서 음료를 마시거나 식사를 하면 박물관 입장료가 반값이다. 근현대 박물관에는 우리가 일상생활에서 쓰던 물건이 전시되어 있다. 개인의 소장품으로는 믿기지 않을 만큼 다양하다.

다이얼 전화기, 뻐꾸기 시계, 타자기, 흑백 텔레비전, 철제 도시락통, 공중전화기 등등, 이제는 대체되거나 없어진 물건들이 있었다. 하나하나가 우리의 삶을 이야기하는 것들이다. 먼 시절의 골동품이 아니어서 신기함보다 반가움이 앞섰다.

박물관 안에는 옛날 교실도 재현되어 있다. 발로 밟아야

올드타임의 실내는 카페의 부제처럼 그때 그 시절 동네 거리를 표현했다. 박물관 안에는 옛날 교실도 재현되어 있다. 발로 밟아야 소리가 나는 풍금과 교실 복도 위의 띔틀을 요즘 아이들은 알 리가 없다.

소리가 나는 풍금과 복도에 놓인 뜀틀을 추억에 잠겨 만져보았다. 창밖 너머로 보이는 이순신 상을 벽지로 붙여서 표현한 것은 소름 돋는 디테일이었다.

박물관까지 구경을 마치고 다시 자리로 돌아와 사진을 정리했다. 역시 최고의 렌즈는 사람의 눈이다. 이 공간의 색감을 독자에게 전달할 수 없어서 지금도 아쉽다. 사진 정리를 마치고 선물 받은 쫀드기를 먹으며 다음 목적지로 떠날 준비를 시작했다.

장인의 도시를 일구는 사람들, '목금토 크래프트' – 오후 2:30

난 안성의 여러 캐치프레이즈 중에 '장인의 도시(city of master)'를 가장 좋아한다. 이 캐치프레이즈를 통해 도시가 구현하고자 하는 장인의 예술 정신과 문화의 도시를 표방하는 안성의 긍지를 느낄 수 있기 때문이다. 도시의 부흥을 위해 장인에게 어떤 역할을 부여했는지에 대한 현실과는 별개로, 내세운 표어 자체는 적절하다고 생각한다. 하지만 평범한 주민은 어디로 가야 장인을 만날 수 있는지 잘 모른다. 이제는 '목금토 크래프트'를 내비게이션에서 검색하면 된다.

목금토 크래프트는 한국의 대표적인 지역 축제인 '바우덕이 축제'가 열리는 곳이자 안성남사당바우덕이풍물단의 본거지인 안성맞춤랜드에 있다. '박두진 기념관'과 '안성맞춤 공예문화센터' 옆에 있어서 주차장을 공유하고 있었다. 난 박두진 기념관에 주차를 하고 도예 공방 '단지'를 먼저 찾았다.

목금토 크래프트는 그 자체가 하나의 주민사업체이면서 모두 일곱 개의 개별 사업체로 구성된 법인이다. 마치 '사업자 협동조합'의 구조를 보는 듯했다. 김도영 피디의 연락을 미리 받은 '단지'의 이한원 대표는 개별 공방을 차례대로 소개해주었다. 왼쪽부터 한지 공방 '보담갤러리', 가죽 공방 '토앤래더 스페이스', 도예 공방 '단지', 실 아트 공방 '실꾸리', 은 공방 '가이야'가 차례대로 있었고, '가이야'와 공유하는 공간에 염색 공방 '물들임'과 더 안쪽으로 핸드페인팅 공방인 '김진하 공방'이 있었다.

모든 공방은 작업을 위한 공간과 판매 공간을 함께 갖추고 있다. 장인의 작업실에는 다양한 체험 프로그램이 준비되어 있었다. 가이야와 토앤래더 스페이스에서 비교적 오랜 시

목금토 크래프트는 그 자체가 하나의 주민사업체이면서 모두 일곱 개의 개별 사업체 대표가 포함된 법인이다. '사업자 협동조합'의 구조와 비슷하다.

간을 보냈다. 작업실 위주의 공방이지만 판매를 위한 제품이 많은 까닭이었다.

대부분 실용성 위주의 가죽 제품이었지만, 몇몇 제품은 어디에 쓰는 물건인지 알 수 없었다. 대표님은 어디에 쓰는 것인지 식별이 어려운 것은 공예 대회에 출품하기 위한 것이라고 설명하셨다.

가이야에는 은반지와 목걸이 등이 전시되어 있었는데 나의 구매 욕구를 가장 크게 불러일으킨 것은 책갈피였다. 구리 책갈피에 목금토 크래프트의 로고가 새겨져 있는데, 자세

토앤래더 스페이스의
작업 공간과 진열된
제품이다. 액세서리부터
책갈피까지 다양한
제품이 있다.

히 보면 손으로 작업을 해 책갈피마다 조금씩 모양이 달랐
다. 책을 좋아하는 아내를 위해 책갈피를 구입했다.

대표의 출장으로 구경할 수 없었던 곳을 제외하고 다섯 공
방을 차례대로 짧게 구경했다. 단지의 이한원 대표가 대화를
청했다. 이미 내가 대학에서 사회적경제를 가르치는 사람이
고, 하남시 사회적경제지원센터의 센터장이라는 것을 알고
계셨다. 나는 개별 법인이 있음에도 목금토 크래프트를 창업
한 이유와 코로나19 이후의 사업 방향에 대해 주로 질문했
고, 대표님은 목금토 크래프트가 사회적경제기업, 예를 들면
사회적협동조합 형태로 진화하기 위해 필요한 것과 지원 제
도 등에 대해 궁금해하셨다. 대화는 생각보다 길게 이어졌다.

도시, 다시 살다

목금토 크래프트의 소셜 미션은 공예 제품의 생산과 공예 활동의 체험을 통해 공예인이 안정적으로 수익을 창출할 수 있도록 돕고, 안성의 공동체와 지역경제 활성화 그리고 관광 산업을 부흥시키는 것이다. 이한원 대표와 대화를 마친 나는 그 미션을 이룰 날이 머지 않았음을 예감하며 다음 목적지인 '안성밀당'을 찾아 길을 나섰다.

양봉하는 바리스타,
'안성밀당' - 오후 5:00

안성밀당에 도착한 시간은 오후 5시가 조금 지나서였다. 안성밀당은 협동조합으로 뭉친 안성 삼죽면의 청년들이 창업한 로컬 디저트 카페이다. 원래는 암 환자에게 건강한 먹을거리에 대한 교육을 하고 실제 직접 생산한 건강식품을 제공하는 치유 목적으로 창업하였다. 삼죽면에 공업사 건물을 리모델링하여 창업하고자 했으나, 로컬의 상징인 안성맞춤 전통시장 안에 안성밀당을 창업하는 것으로 계획을 바꿨다고 한다. 창업 후 안성밀당을 지역재생의 거점으로 만들고자

안성시장의 칼국수 특화거리에 있는 안성밀당은 빈 점포를 활용하여 창업한 곳이다. 안성밀당의 뿌리는 삼죽의 청년들이 세운 '행복한마을 협동조합'이다.

하는 소망으로 묵묵히 경영을 이어가고 있다.

안성밀당을 찾기는 쉽지 않았다. 대표님께 전화로 설명을 들었지만, 어디어디 옆 혹은 어디어디 대각 방향이라는 답변에서 기준이 되는 '어디어디'를 모르니 여전히 찾기는 쉽지 않았다. 밀당은 안성시장 안의 칼국수 특화거리에 있다. 밀당을 찾는 두 가지의 현명한 방법이 있다. 시장 안 곳곳에 부착되어 있는 시장 지도를 활용하는 방법과 시장의 상인에게 칼국수 길을 묻는 방법이다. 나는 지도를 최대한 활용해 드

도시, 다시 살다

디어 밀당을 찾았다. 안성밀당은 안성시장 안의 빈 점포를 활용하여 창업한 듯 보였고, 양봉하는 바리스타인 양광식 대표가 자리를 지키고 있었다.

양봉하는 바리스타가 운영하는 가게답게 문을 열고 안으로 들어가자 오른쪽의 진열대에 놓인 꿀단지가 여럿 보였다. 가격표가 붙은 것도 있고 붙지 않은 것도 있었는데 사장님은 아직 가오픈 중이라 꿀의 가격을 정확히 정하지 않은 채로 이것저것 시도 중이라고 말씀하셨다. 마침 곧 설이어서 지인

안성밀당은 입과 눈이 즐거운 수제 디저트 카페이다. 안성 재생의 거점이 되고 싶은 비전이 있는 이 카페에는 양봉하는 바리스타가 있다.

에게 선물하기 위해 중간 사이즈의 꿀을 세 통 구입했다. 사장님은 개별 포장해 주셨다.

아침에도 먹은 빵이지만, 워낙 빵을 좋아해 자연스럽게 꿀이 진열된 곳 아래의 스콘으로 눈길이 갔다. 날 보시더니 사장님이 오늘 빵을 좀 적게 구웠다며 미안한 마음을 전하셨다.

스콘과 함께 아메리카노를 주문하고 자리에 앉아 이곳저곳을 관찰했다. 사장님이 그런 내게 한마디 하셨다. "책을 쓰시는 교수님이시죠?" 김도영 피디가 안성밀당의 사장님에게도 이미 언질을 준 것이다.

사장님은 시장 안에 새 빵집이 생겼다면서, 빵집과 어떻게 협업을 할 수 있겠냐고 물으셨다. 하고 싶은 것은 많은데 쉽지 않으신 눈치였다. 쉬운 문제는 아니다. 이미 협동조합의 경험이 있는 사장님이지만 새로운 사업 파트너와는 극복해야 할 허들이 한두 개가 아니기 때문이다.

거시적인 관점에서 원론적인 답변을 드릴 수밖에 없었다. 사회적협동조합을 구성하거나 마을기업으로 전환하여 지원을 받고, 유휴 점포를 활용한 시민자산화 사업에 도전을 해 보라는 말씀을 드렸는데, 이미 다 아시는 이야기일 수도 있고, 지금 시점에는 크게 도움이 안 되는 이야기일 수도 있겠다는 생각이 들었다. 조금 더 좋은 조언을 위해서는 베이커리 사장님의 가치관이 중요할 것이다.

그 이야기를 하려는 순간에 문이 열렸고 세 명의 손님이 안으로 들어왔다. 그런데 들어온 손님들이 나에게 반갑게 인사를 하셨다. 목금토 크래프트의 장인들을 밀당에서 다시 만났다. 사업체와 사업체가 '앎'으로 연결된다는 가설이 확인된 순간이다.

밀당 사장님과 다음의 만남을 기약하며 카메라와 노트북을 챙겼다. 이제 오늘 여행의 종착지로 떠나야 한다. 평소에도 즐겨찾던 '이룸' 레스토랑이었다.

클래식이 흐르는 시간,
카페 '이룸' - 오후 6:00

이룸에서 마무리하기로 결정한 것은 저녁밥을 먹기에 이보다 좋은 곳이 없기 때문이다. 이곳은 우리 가족이 평소에도 즐겨 방문하는 곳이다. 특히, 우리 아이는 노래하는 쉐프가 만들어 주는 알리오 올리오와 고르곤졸라 피자를 사랑하다 못해, 전 세계에서 가장 맛있는 레스토랑이라며 이곳의 홍보대사를 자처하고 있다.

조용한 시골 마을에 위치한 이룸은 '우리 동네 파바로티 협동조합'에서 창업한 클래식이 흐르는 레스토랑이다. 우리 동네 파바로티 협동조합은 안성 출신으로 독일에서 유학한 성악가 고희전 대표의 열정과 김도영 피디의 역량이 시너지를 일으켜 지역 사회에 단단히 뿌리를 내렸다.

이룸에 저녁 6시가 다 되어 도착했다. 금광저수지로 향하는 초입에 위치한 이곳의 저녁 풍경은 평화롭다. 어둠이 짙게 깔리기 시작했다. 이룸은 전형적인 이탈리안 레스토랑이다. 파스타와 직접 화덕에 굽는 피자가 대표 메뉴다.

이룸의 사장님인 고희전 대표는 보통 사람의 일상을 밀착 취재하는 휴먼다큐프로그램인 인간극장 '우리동네 파바로티'에 출연한 바 있고, 도시가 품고 있는 가치를 재발견하고자 기획된 '김영철의 동네 한 바퀴'에도 소개되어 안성에서는 이미 유명 인사이다.

이룸의 1층에 설치된 텔레비전에서는 '세계테마기행'이 계속 플레이되는데, 큐레이터로서 중부 유럽의 시골을 여행

금광저수지로 향하는 초입에 위치한
레스토랑 이룸의 저녁 풍경은 평화롭다.
이룸의 1층에 설치된 텔레비전에서는
'세계테마기행'이 계속 재생되고 있는데,
큐레이터로서 중부 유럽의 시골을
여행하고 시청자에게 소개한 고 대표의
실제 방송 영상이다.
문 밖의 화덕에서 고 대표는
피자를 굽는다.

하고 시청자에게 소개한 고 대표의 실제 방송 영상이다.

고희전 대표는 성악가로서 문화와 예술을 사랑하는 사람이다. 이룸은 레스토랑으로 설계된 동시에 작은 콘서트홀로도 설계되었다. 이룸의 2층에 올라가보면 레스토랑보다는 공연장에 가깝다는 느낌을 받는다.

우리동네 파바로티는 문화와 예술을 사랑하는 사람들이 모인 협동조합이고 고희전 대표가 활동하는 베이스캠프 같은 역할을 한다. 이 협동조합의 구성원과 함께 고희전 대표는 끊임없이 안성의 문화와 예술을 활성화할 방법에 대해 고민한다.

우리동네 파바로티는 조직이면서 문화와 예술의 플랫폼이라 할 수 있다. 어느 날 식사를 하고 있던 나에게 고희전 대표가 제안을 한 적이 있다. "교수님, 다루는 악기 있으세요?" 나는 오래 전부터 통기타를 쳐 왔지만 연주라고 부를 정도의 수준은 아니었다. 망설이는 나를 보던 그가 말했다.

"밴드를 하나 만들고 싶어요. 전혀 악기 연주를 하지 않을 것 같은 사람들이 밴드를 결성하면 재미있을 것 같아요."

이 밴드에 내가 참여할 수 있을지는 모르겠지만 프로젝트 아이디어가 참신하다는 생각이 들었다.

도시, 다시 살다

이룸의 2층은 공연을 위한 공간이다. 우리동네 파바로티는 문화와 예술을 사랑하는 사람들이 모인 협동조합이고 고희전 대표가 활동하는 베이스캠프 같은 역할을 한다.

이룸에서는 최근 원두커피를 출시했다. 원두의 상자에는 QR코드가 찍혀 있다. 제품을 구입한 모든 이에게 선사하는 성악가 고희전의 노래 선물이다. 모두 힘들어 하는 시기에 그의 노래가 위로가 되기를 바란다.

여행을 마치며 – 오후 8:00

아침 10시가 조금 넘은 시간에 시작한 여행은 저녁 8시에 끝났다. 중간에 일정이 잠시 엉키긴 했지만 그래도 계획한 주민사업체를 모두 방문했고 즐겁게 놀았다.

일상 여행을 즐긴 이 날 하루는 복잡하게 수식할 필요도 없는 '즐겁고 신나는 하루'였다. 관광두레 사업을 통해 지역의 자산이 비로소 뜻을 펼친 현장을 방문한 것 자체만으로 흥에 겨운 하루였다.

자산은 산이나 강, 문화 유적처럼 움직이지 않는 것만이 아니다. 최고의 자산은 사람이다. 안성을 사랑하고, 안성의 재생을 누구보다 소망하는 다섯 명의 사장님은 안성의 미래를 밝히는 최고의 자산이 아닐까 생각한다.

우리는 주민사업체의 가치를 더욱 깊게 성찰하며 지속 가능한 미래에 대해 고민해야 한다. 주민사업체의 스토리와 사회적 가치 그리고 공동체성에 주목한다면, 이들 업체에서 우리는 사업체 그 이상의 의미를 발견할 수 있다. 안성의 관광두레 사업체는 모두 자신만의 스토리가 있었고 추구하는 사회적 가치가 있었다.

도시, 다시 살다

이들이 추구하는 사회적 가치는 돌봄, 문화, 교육, 청년 등 다양한 영역에 걸쳐 있고 이런 가치는 행정의 손길이 미치지 못하는 곳곳을 어루만진다. 쇠퇴한 도시에 지역을 사랑해서 지역에 남은, 혹은 지역으로 돌아온 주민이 창업한 주민사업체의 활성화가 필요한 이유다.

녹색으로 채운
도시

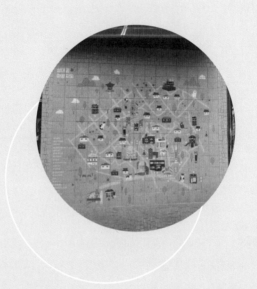

문경의 로컬푸드와
동작의 성대골

두 소녀

2018년 9월부터 한 소녀가 기후 위기에 침묵하는 기성세대에 대한 저항의 의미로 매주 금요일 등교를 거부했다. 트위터로 유명해진 이 소녀의 등교 거부 운동은 전 세계로 퍼져나가 각국 청소년의 동맹 휴학을 끌어냈다. 그레타 툰베리(Greta Thunberg, 2003~)라는 이름의 이 소녀는 스웨덴 출신으로 2019년에는 〈타임〉지의 '올해의 인물'에 선정될 만큼 큰 주목을 받고 있다.

툰베리는 기성세대의 각성을 거침없이 촉구한다. 그녀는 기후 위기에 대해 각국의 정치인이 침묵하고 있으며 학교는 이에 동조하고 있으므로 학교라는 제도가 무의미하다고 주장한다. 그래서 툰베리의 저항은 등교 거부에서 출발했다. 최근 툰베리는 탄소 배출의 완전한 중단에 초점을 맞춘다. 개발도상국의 탄소 배출량을 고려하여 선진국은 탄소 배출을 완전히 중단해야 한다는 것이다. 전문적으로 훈련을 받은 연구자의 주장이 아니므로 적지 않은 반론에 시달리지만, 여전히 툰베리의 영향력은 사그라들지 않고 있다.

지금으로부터 30여 년 전인 1992년, 6분의 연설로 모든 지구인을 침묵시킨 또 한 명의 소녀가 있었다. 연설 장소는 브라질의 리우데자네이루. 1992년의 리우데자네이루는 지구의 환경을 보호하기 위한 국가 차원의 활동을 몇 단계 업그레이드한 역사적인 장소였다. 잠시 1992년 리우데자네이루에서 개최된 지구 정상 회의(Earth Summit)의 주 회의장으로 떠나보자.

생물 다양성을 위한 종의 보전, 산림의 보전, 지구 온난화 방지를 위한 기후 협약 등 다양한 안건이 UN으로부터 상정되어 논의되었지만, 회의장의 전반적인 공기는 싸늘했다.

그 시대를 이해할 필요가 있다. 유럽의 선진국은 산업혁명의 과실을 수확한 지 상당한 시간이 흘렀고, 개발에 의한 성장보다 보존을 통한 쾌적한 환경을 선호했다. 하지만 아시아에서 오랜 시간 잠들어 있던 중국과 인도는 이제 막 깨어나려던 참이었다. 개발을 위해 더 많은 천연자원이 필요했고, 이를 활용한 발전 시설의 확대가 필수적이었다. 탄소 배출의 포기는 중국과 인도에는 '성장 포기'와 같은 의미였다. 따라서 지구 정상 회의가 반가울 리 없었다.

미국의 입장도 크게 다르지 않았다. 선진국 중에서도 일등 국가를 자임해 온 터라 중국이나 인도처럼 표나게 떨떠름한 표정을 지을 수는 없었지만, 미국 내의 정치적 상황이 환경 보존을 지지하는 편에 서기에는 만만하지 않았다. 당시는 1980년대까지 미국 경제를 이끌던 자동차의 생산이 독일과 일본에 의해 잠식당하고 있는 상황이었다. 이로 인해 이미 정부에 반감을 가진 노동자를 정치적인 적으로 돌릴 수는 없는 노릇이었다. 제조업에 종사하는 노동자에게 환경 규제는 일자리를 줄이는 것으로 이해되기 때문이다.

세번 스즈키(Severn Suzuki, 1979~)의 연설은 이런 싸늘한 회의장의 공기를 순식간에 바꾸었다. 열두 살의 스즈키는 무슨 말을 하고 싶었을까?

스즈키가 하고 싶었던 말

스즈키의 연설은 회의장 안의 각국 정부 관계자뿐만 아니라 모든 지구인을 침묵시켰다. 침묵은 반성의 의미일 수도 있었고, 당혹감의 의미일 수도 있었으며, 분노의 의미일 수도 있었다. 침묵의 이유가 무엇이든 세계는 스즈키의 연설이 이어지는 동안 아무 말도 할 수 없었다. 스즈키가 지키고 싶었던 것은 다음 세대(next generation)의 미래였으며, 다음 세대가 미래를 잃는 것은 스즈키가 강조한 것처럼 선거에서 지는 것이나 주식시장의 주가가 내려가는 것과는 비교할 수 없는 것이다.

스즈키는 기아에 시달리는 아이들과 이유도 모른 채 사라지는 운명을 맞이하는 동물을 대표해서 연설의 자리에 섰음을 분명히 했다. 그는 말했다.

"저는 아직 어린아이일 뿐이기에 기아와 환경 파괴를 막을 방법을 모릅니다. 그런데 여러분도 인정해야 합니다. 모르는 것이 아니라 해결책이 없다는 것을요. 여러분은 오존층의 구멍을 없앨 방법을 모르고, 죽어버린 하천에 연어를 돌아오게 할 방법을 모르며, 멸종하는 동물을 다시 살려낼 방법을 모릅니다. 그렇다면 그만 망치세요."

도시, 다시 살다

회의장에 모인 사람들은 스즈키의 꾸짖음에 반론을 생각해낼 수 없었다. 지금도 없을 것이다.

스즈키는 연설을 이어갔다.

"태어난 곳이 다르다는 이유로 완전히 다른 삶을 사는 아이를 리우에서 만났습니다. 저도 리우데자네이루의 빈민가에서 사는 아이였을 수도 있었고, 소말리아에서 굶어 죽어가는 아이였을 수도 있었으며, 중동에서 전쟁에 희생되는 아이였을 수도 있었죠. 인도에서 구걸하는 아이였을 수도 있었고요."

태어난 곳을 선택할 수 없음에도 태어난 장소로 인해 삶의 결과가 완전히 달라진다면, 무엇인가가 잘못된 세상이다. 선진국의 부(wealth)는 개발도상국으로 흐르지 않는다. 경제적인 이유, 정치적인 이유 심지어 종교적인 이유 등 선진국마다 이유가 있을 것이다. 이들은 '사고, 버리고'를 반복하지만, 풍족한 삶을 위해 충분한 자원이 확보되었음에도 다른 국가와 나누는 것은 마다한다.

"어른들은 우리에게 이렇게 가르칩니다. 친구와 싸우지 말고 친구를 존중하라고요. 어지른 물건을 치우고, 생명을 소중히 여기며, 가진 것을 나누고, 욕심부리지 말라고 가르칩니다. 그런데 왜 어른들은 우리에게 하지 말라고 한 일을 하나요?"

그는 말과 행동의 불일치가 지구의 위기를 재촉하고 있다는 것을 이해하고 있었다. 스즈키는 아빠의 조언을 소개하며 연설을 마무리했다. 아빠가 딸에게 건넨 조언은 "네가 어떤 사람인지 규정하는 것은 너의 말이 아니라 너의 행동이다."였다. 이 조언을 소개하며 스즈키는 지구의 모든 국가가 행동에 나서줄 것을 촉구했다. 스즈키가 연설에서 하고 싶었던 말은 '전 지구적인 행동'이었다.

지구 정상 회의에서 UN 회원국은 지구 헌장(Earth Charter)으로서 '환경과 개발에 관한 리우 선언', 환경보전 행동계획으로서 '어젠다 21', 지구온난화 방지를 위한 '기후변화협약', 종의 보전을 위한 '생물학적 다양성 보전조약' 등의 선언을 채택했다. 채택된 선언의 일부 규정은 모호했고 구속력이 없었으며, 일부 국가가 서명에 합의하지 않은 것도 있

도시, 다시 살다

었다. 이러한 한계에도 불구하고 스즈키의 연설은 완전히 무산될 것 같았던 공동 선언의 채택을 끌어냈고, 비로소 지구가 더 지속할 수 있는 토대가 마련되었다.

지속가능한 성장, 지속못하는 성장

1992년 지구 정상 회의는 지구인이 나아가야 할 방향을 '지속가능한 성장'으로 설정하는 계기가 되었다. 새천년개발목표(Millenium Development Goals: MDGs)와 이를 잇는 지속가능개발목표(Sustainable Developmnet Goals: SDGs)가 탄생하게 된 배경도 되었다. 현재 우리는 SDGs의 시대를 살고 있다. 지속가능한 성장은 '세대 간 형평성'과 '경제·사회·환경의 균형'을 강조하는 성장이다.

세대 간 형평성의 관점에서 UN은 지속가능한 성장을 '다음 세대의 수요를 충족시키는 능력을 침해하지 않으면서 현세대의 수요를 충족시키는 성장'으로 정의한 바 있다. 무분별한 개발은 다음 세대가 토지를 이용하지 못하는 결과를 초래할 수 있다. 대표적인 예가 이 책에서도 언급한 '러브 커널 부지'이다. 1890년대에 시작된 러브 커낼 프로젝트로 인해 그 부지는 지금까지도 아무도 활용하지 못하고 버려진 채 방치되고 있다.

'땅'이라는 재화는 거래가 가능한 민간 재화와는 다른 특징이 있다. 소유권이 지속해서 이어진다는 점이다. 민간 재화도 중고 시장에서 거래된다면 소유에 대한 권한이 이어지지만, 결국에는 머지않아 종료되고 만다. 그런데 '내 것이지만 언젠가는 반드시 내 것이 아닐 재화'가 땅이다. 다음 세대가 사용할 수 있도록 여유 공간을 확보하거나 잔혹한 개발 행위를 자제해야 하는 이유다.

경제 개발과 사회 정의 그리고 환경 보존의 균형은 지속 가능한 성장이 추구하는 핵심 가치이다. 경제 개발만을 강조하면 사회에 내재한 갈등은 억압되고 환경 파괴는 묵인된다. 신고리 3호기에서 생산된 전기를 대도시에 송출하기 위해 송전탑을 건설하는 과정에서 발생한 충격적인 인권 침해는 경제 개발만을 강조했던 대한민국의 수치스러운 자화상이었다. 밀양의 아픔은 지금도 계속되고 있다.

사회 정의만을 강조하면 사회 전반의 역동성이 떨어질 수 있다. 민간에서 충분히 감당할 수 있는 역할마저 정부의 공적인 기능으로 대체하려 한다면 민간은 위축될 수밖에 없다.

마지막으로 환경 보존만을 강조하면 오히려 시민의 권리가 제한되거나 경제적 풍요가 영원히 불가능할 수도 있다. 과거와는 달리 '환경과 경제는 갈등 관계에 있다'는 관점은 배척되고 있지만, 기초적인 경제 기반 시설의 확충 없이 성장하기는 쉽지 않다.

지구를 위해 할 수 있는 일

박사 학위 논문 통과가 확정되면서 유학 생활도 거의 끝나가고 있었다. 나와 아내는 한 달 정도 후면 이제 언제 뵐지 모르는 사이가 될 수도 있는 사이먼스 교수님 내외를 집으로 초대해 식사를 대접하기로 했다.

대청소를 하고 대접할 만한 것을 찾기 위해 수일에 걸쳐 장을 봤다. 고심한 만큼 행복한 저녁 식사였다. 식사를 마치고 우리는 밤이 깊도록 이런저런 이야기를 나누었다. 얼마만에 느끼는 자유로움과 편안함인지 모든 순간이 그저 황홀했다.

대화의 주제는 아주 다양했다. 이 책에서 이미 다룬 아미시 사건으로부터 얻은 교훈, 학위 논문을 쓰는 도중 느꼈던 미국의 현실과 같은 무거운 주제부터 하위권에서 헤매는 클리블랜드 인디언스(클리블랜드 소재 프로야구팀)의 성적 이야기 같은 가벼운 주제까지, 헤어지기 아쉬운 듯 대화가 이어졌다. 밤이 깊어가고, 갑자기 교수님께서 지금까지의 대화 주제와 맥락이 맞지 않는 질문을 던지셨다.

"유진, 너는 지구를 구하기 위해 무엇을 할래?"

3초 정도 고민했지만, 교수님과 함께한 시간이 길어지다 보니 질문의 의도를 금방 알아차릴 수 있었다. "전 한국에서 학생을 가르친다면, 강의계획서를 출력해서 주지 않을 거예요." 난 대단한 것을 발견한 것처럼 의기양양하게 말했다. 그런데 교수님은 마치 이미 예상한 답변이라도 된다는 것처럼, "좋은 생각이지만 어차피 학생들이 집에서 출력한다면 의미가 없지 않을까?"하고 반박하셨다.

잠시 생각을 이어가던 난 "그러면 학생의 과제를 모두 온라인으로 받을게요! 이 생각은 어떤가요?"라며 의견을 구했다. 교수님은 괜찮은 생각이라며, 정년 퇴임할 때 즈음에는 중국의 사막에 나무 한 그루 정도 심은 효과는 낼 수 있을 것 같다고 말씀하셨다. 난 으쓱한 기분이 들었다. 이 약속 덕분에 지금까지도 난 학생의 모든 과제는 전자파일의 형태로만 받고 있으며, 절대 출력하지 않는다. 나무 한 그루를 심은 대신에 시력을 잃고 있다.

　유학 시절 진행한 여러 과제 중 특히 기억에 남는 것은 미국 그린빌딩위원회(U.S. Green Building Council)와 함께 '친환경 건축물의 확산에 긍정적인 영향을 미치는 사회·경제적 환경과 제도'를 연구한 것이다. 미국의 그린빌딩위원회는 비영리 민간단체로서 전 세계적으로 가장 권위가 있는 LEED(Leadership in Energy and Environmental Design)라는 친환경 건축물 평가 및 인증 제도를 운영 중이다.

　LEED는 미국뿐만 아니라, 각국의 유명 건물이 앞다투어 인증받는, 권위 면에서는 타의 추종의 불허하는 인증 제도다. 우리나라도 인천 송도 컨벤시아를 시작으로 포스코 에너지의 인천 사옥이 LEED의 최상위 등급을 받은 바 있다.

　LEED 인증을 받기 위해서는 건축비가 많이 들지만 인증 후에는 자산 가치가 상승하여 건축비의 상승분을 충분히 상쇄할 수 있다고 한다. LEED 빌딩의 환경적인 효과가 경제적으로도 환원된다는 연구 결과가 한때 미국에서 많이 발표되었다. 이는 LEED의 확산에 결정적인 영향을 미쳤다. 따라서 더 많은 LEED 인증 건물의 확산을 위해 위원회는 사이먼스 교수님과 우리 연구팀에 LEED 빌딩의 경제성과 인증의 확산을 위한 제도 연구를 계속 의뢰해왔다. 이 연구를 수행하면서 환경, 지속가능한 성장에 대해 깊게 생각해 보는 계기가 되었다.

문화가 된 로컬푸드, 문경의 로컬푸드

로컬푸드(local food)란 '장거리의 수송이나 많은 단계의 유통 과정을 거치지 않고 지역에서 생산하여 지역에서 소비되는 식품'을 의미한다. 이 정의에서 지역은 개념적으로 한정되지는 않지만, 일반적으로 기초지방자치단체인 시·군·구의 행정 구역 안을 의미한다.

왜 로컬푸드에 주목해야 할까? 경제, 사회 그리고 환경의 측면으로 나누어 살펴보자.

경제적 측면에서 로컬푸드는 유통 단계를 줄임으로써 생

산자의 소득을 증가시킨다. 생산자에서 소비자로 유통되는 과정이 많고 복잡할수록 식품의 가격은 올라간다. 이 과정을 줄이거나 단순화하면 생산 원가를 높이더라도 소비자는 상대적으로 저렴한 가격에 식품을 구매할 수 있다. 따라서 생산자의 소득 보전이 가능하다. 또한, 대량 생산 대신 소량 생산으로 부가가치를 높이는 전략을 사용할 수 있다. 굳이 박리다매 전략을 사용하지 않고, 적게 생산하더라도 산지 식품을 활용하여 다양한 상품을 개발함으로써 부가가치 높은 제품을 세상에 선보일 수 있다.

로컬푸드가 주목받는 가장 큰 이유는 환경적 측면 때문이다. 수송 과정이 짧으므로 이동 중 발생하는 탄소 배출량이 상대적으로 적다. 또한, 먼 거리로 수송할 때 신선도 유지를 위해 필요한 냉장 시설의 가동 시간을 줄일 수 있다. 이 역시 탄소 배출량을 많이 감소시키는 요인이 된다. 뿐만 아니라 대부분의 로컬푸드 생산자는 친환경 농법을 활용함으로써 유해 물질이 지역 안에 들어오는 것을 막는 역할을 한다. 이는 공중 보건의 질 향상에도 긍정적으로 작용한다.

사회적 측면에서 로컬푸드는 지역 사회의 연결망을 구성하는 효과가 있다. 로컬푸드는 생산되는 과정과 유통과정에서 마을기업이나 협동조합과 같은 사회적경제기업이나 마을공동체를 적극적으로 활용한다. 소량 생산을 추구하는 로컬푸드 생산자는 연합을 구성하여 소비자와 만날 수밖에 없다. 규모의 경제(economies of scale)를 달성할 수 없는 로컬푸드 생산자의 특성상 생산자 간의 협동과 협력은 기존 시장에 대응할 수 있는 유일한 무기이기 때문이다.

이렇게 협동하고 협력하는 과정에서 지역의 연결망은 살아나고 공동체성이 회복된다. 지역사회는 연결망을 통해 경제 위기나 환경 위기가 닥쳤을 때 극복하는 힘을 축적할 수 있다. 지역 공동체가 회복력을 높일 수 있는 것이다.

로컬푸드의 현재를 보고 미래를 공부하기 위해 문경시를 찾았다. 문경시는 인구가 지속적으로 감소하고 있다. 2010년에 7만 7천 명을 넘었던 인구가 2020년에는 7만 명 수준으로 감소하여 인구 감소에 의한 지방소멸이 가시화되고 있는 지역에 속한다.

로컬푸드의 활성화를 통해 지역의 새로운 성장 동력을 찾고자 노력하는 문경시의 분투는 익히 들어 알고 있었다. 나는 '문경로컬푸드문화센터 → 드림로컬푸드협동조합 → ㈜

가나다라 브루어리 → 카페 가은역'의 순서로 방문 일정을 잡고 길을 나섰다.

가장 먼저 방문한 '로컬푸드문화센터'는 코로나19로 전국이 침체의 나락으로 빠져들었을 때인 2020년 10월에 개관하였다. 2018년 국비와 도비 지원 사업에 선정되어 지상 2층 건물로 준공되었다. 1층에는 로컬푸드 직매장과 로컬푸드 카페가 자리 잡았고, 2층에는 100여 명의 인원을 수용할 수 있는 대회의실과 교육과 체험을 위한 소회의실이 있다. 문경시의 농업인과 공직 사회가 긴 시간 염원했던 로컬

문경로컬푸드문화센터의 전경이다.
1층의 중앙에는 직매장이 자리 잡았고,
오른쪽으로는 로컬푸드 카페인 '휴'가
손님을 기다리고 있다.

푸드의 허브(hub)가 마련된 것이다.

로컬푸드의 핵심은 직매장이지만, 로컬푸드를 지역 공동체에 뿌리내리기 위해 꾸준한 홍보와 체험 그리고 교육은 직매장 못지않게 중요하다. 따라서 단순히 직매장을 마련한 선에서 그친 것이 아니라 직매장과 함께 시너지 효과를 낼 수 있는 교육장과 카페, 체험 시설을 마련한 것이 돋보인다. 이 센터로 인해 로컬푸드가 문경시의 문화로 자리를 잡을 수 있는 기틀이 조성되었다.

로컬푸드문화센터에 도착한 시간이 오전 11시 40분 정도였다. 점심 시간이 가까웠는데 마침 바로 옆에 문경약돌축산물 종합유통센터가 보였다. 한우 직판장에 딸린 정육식당에서는 점심에 갈비탕을 팔기 마련이다. 아니나 다를까, 곧 주차장이 점심 메뉴를 갈비탕으로 정한 사람들의 차량으로 메워지기 시작했다. 빨리 걸음을 재촉했다. 조금만 지체하면 줄을 서야 하고, 혼자 식사하는 입장에서 눈치 보며 밥을 먹어야 할 수도 있다. 다행히 매니저는 친절히 편하게 식사할 수 있는 장소로 나를 안내했다. 주문은 당연히 '약돌 갈비탕'이었다. '약돌'이라 부르는 광물질을 사료와 함께 먹여 키운 문경의 순수 한우 브랜드가 '약돌 한우'인 모양이었다. 평소에도 갈비탕을 즐겨 먹지만, 인생 갈비탕을 만난 순간이었다.

식사를 마친 후, 다시 로컬푸드문화센터 1층의 직매장으로 향했다. 중앙에서 약간 오른쪽으로 치우친 곳에 있는 정문을 밀면 왼쪽은 직매장으로, 오른쪽은 카페 '휴'로 들어가는 문이 있다. 먼저 직매장으로 들어가 보았다. 동네에서 흔히 볼 수 있는 생협 매장이나 슈퍼마켓과 다르지 않은 내부였다.

곳곳에 오미자를 활용한 식품이 진열되어 있었다. 문경은 '오감(五感)의 도시'를 도시브랜드 중 하나로 활용하고, 오미자 테마 공원을 개관할 만큼 오미자에 대한 사랑이 각별한 곳이다. 문경하면 '사과'가 먼저 떠올랐는데 지금은 오미자와 그 자리를 공유하고 있다.

가장 눈에 많이 보이고 구매 욕구가 당기는 것은 아무래도 오미자 진액 종류였는데 다양한 크기의 용기에 담겨 있어서 선택의 폭이 넓었다. 생산 농가와 생산자의 이름 그리고 연락처까지 기재되어 있어 생산자와 소비자의 신뢰를 중요하게 여긴다는 것을 알 수 있었다. 오미자는 진액 외에 김이나 된장뿐만 아니라 한과와 뻥튀기까지 무궁무진하게 활용되고 있었다. 오미자 에이드를 만들면 맛있다는 오미자 진액과

직매장 안 곳곳에 오미자를 활용한
식품이 진열되어 있었다. 문경은
'오감(五感)의 도시'를 도시브랜드 중
하나로 활용하고, 오미자 테마 공원을
개관할 만큼 오미자에 대한 사랑이
각별한 곳이다.

주전부리로 제격인 뻥튀기를 구매해 문을 나섰다.

메뉴는 오미자 에이드로 미리 정하고 카페 '휴'의 문을 열
었다. 메뉴판을 훑어보니 로컬푸드를 활용한 메뉴를 따로 적
어 놓았다. 이곳에서는 오미자 요거트 스무디, 오미자 차와
에이드, 사과 주스 등 문경의 로컬푸드를 활용한 음료를 맛
볼 수 있었다. 하지만 로컬푸드를 활용한 음료 이외에는 눈
길을 사로잡는 시그니처 메뉴가 없는 것이 아쉬웠다.

그래도 오미자 에이드는 정말 훌륭했다. 마지막에 가루가

도시, 다시 살다

씹혔는데 카페에서 일하시는 분께서 이는 100% 오미자 가루로 풍미를 위해 추가한 것이라고 미리 설명해 주셔서 기분 좋게 마실 수 있었다.

이제 문경 구도심으로 향했다. 이곳에는 '드림로컬푸드 협동조합' 매장이 있다. 로컬푸드문화센터가 지방자치단체 차원의 로컬푸드 확산 정책이라면, 드림로컬푸드 협동조합은 민간 차원에서 로컬푸드를 확산하기 위한 운동이다.

소량 생산을 지향하는 로컬푸드는 협동조합 운동을 수단으로 지역에 자리 잡을 수 있다. 드림로컬푸드 협동조합 매장 문을 열고 들어서자 손님이 왔음에도 전혀 눈치채지 못할 만큼 안에서 즐거운 수다가 끊이지 않고 있었다. 매장 자체가 동네 사랑방의 기능을 하고 있었다. 로컬푸드가 협동조합이나 마을공동체 운동과 시너지 효과를 내면 공동체의 연결망이 복원될 수 있다. 그 좋은 예를 직접 목격한 것이다.

매장은 작았지만, 로컬푸드문화센터의 직매장보다 더 다양한 상품이 진열되어 있었다. 로컬푸드문화센터는 문경의 로컬푸드만 취급하지만 드림로컬푸드 협동조합은 인근 경상북도와 남도권역의 마을기업이나 농가가 생산한 제품까지 취급한다. 로컬의 범위가 문화센터에 비해 넓은 것이다. 해외 사례를 보면, 로컬푸드 공급의 범위를 반경 160km 이내로 설정한 경우도 있으니, 로컬푸드의 범주에서 크게 벗어나지는 않은 것으로 볼 수 있다.

문경 구도심에는 드림로컬푸드
협동조합 매장이 있다.
로컬푸드문화센터가 지방자치단체
차원의 로컬푸드 확산 정책이라면,
드림로컬푸드 협동조합은 민간
차원에서 로컬푸드를 확산하기 위한
운동이다.

도시, 다시 살다

소비자는 준조합원이나 일반회원으로 가입할 수 있는데, 준조합원으로 가입하면 구입액의 5%를 적립할 수 있고, 일반회원으로 가입하면 3%를 적립하여 현금처럼 활용할 수 있다. 현재 온라인 쇼핑몰은 만드는 중이라고 한다. 아마 책이 출간된 이후에는 온라인에서도 주문할 수 있을 것으로 보인다.

이어 찾은 곳은 ㈜가나다라 브루어리였다. ㈜가나다라 브루어리는 문경시가 사랑하는 오미자와 지역을 대표하는 특산물인 사과를 활용하여 맥주를 만드는 수제 맥주 제조업체이다. 문경 출신의 배주광 대표는 수제 맥주에 대한 정부의 규제 완화에 발맞추어 친구들과 창업에 나섰다. 이 업체의 모태는 김억종 양조사의 문경브루어리로, 여기서 처음으로 출시한 브랜드는 '점촌 IPA'였다. 배주광 대표와 김억종 양조사의 협업으로 탄생한 ㈜가다나라 브루어리는 수제 맥주 시장에서 큰 사랑을 받는 한국을 대표하는 브랜드로 자리잡고 있다.

㈜가나다라 브루어리는 트렌디한 제품을 출시하는 것으로 유명하다. 문경의 사과와 오미자를 활용한 '오미한잔'과 '사

과한잔'은 알코올 도수 4.5도로 가벼운 느낌의 사이다(과일을 발효시켜 만든 탄산주)이다. 이 중 '사과한잔'은 ㈜가나다라 브루어리를 대표하는 시그니처 상품으로 젊은 층의 큰 사랑을 받고 있다. 사이다 계열인 이들 제품 외에는 모두 맥주이다.

수제 맥주의 가장 큰 장점은 자유로운 변이(variation)이다. ㈜가나다라 브루어리는 소비자가 선호하는 바디감이나 알콜 도수에 따라 다양한 맥주를 선보이고 있으며, 브랜드의

운전 중에 국도를 달리다가 이 공장을 보면 맥주 제조 공장이라고 생각하기 쉽지 않다. 주 건물의 오른쪽으로는 맥주를 시음하고 구매할 수 있는 작은 매장으로 올라가는 계단이 있다. 2층의 매장 안에서는 맥주를 시음하며 커다란 유리창 너머의 맥주를 만드는 시설을 볼 수 있다.

이름도 '문경새재 페일에일', '은하수 스타우트', '오미자 에일', '소나기 헬레스', '북극성 라거' 등으로 작명함으로써 우리나라의 대표적인 수제 맥주 제조업체로서 자리매김하겠다는 욕심을 숨기지 않고 있다.

㈜가나다라 브루어리는 문경을 대표하는 관광지이기도 하다. 제조 공장은 한옥으로 지어져 있어, 국도에서 운전 중에 조금 멀리서 이 공장을 바라보면 맥주 제조 공장이라고 생각하기 쉽지 않다.

주 건물의 오른쪽으로는 맥주를 시음하고 구매할 수 있는 작은 매장으로 올라가는 계단이 있다. 2층의 매장 안에서는 맥주를 시음하며 커다란 유리창 너머의 맥주를 만드는 시설을 볼 수 있다. 맥주의 시음과 관람이 융합하여 손색없는 관광지가 된 것이다.

짧은 방문을 마치고 문경 여행의 종착지인 '카페 가은역'으로 차를 몰았다. 카페 가은역은 이 책을 통해 독자에게 전하고 싶은 다양한 이야기가 모두 담겨 있는 아주 특별한 공간이다.

카페 가은역에는 역사와 문화가 흐른다. 1955년에 준공한 가은역은 현재까지 우리나라에 남아 있는 유일한 목조 역사로서 일제 강점기 후반과 해방 초기의 건축 양식을 공부할 수 있는 소중한 자료이다. 가은역을 지나는 가은선로는 가은 일대의 무연탄 채굴을 위해 설치된 철도이다. 이런 부분을 인정받아 가은역 건물은 2006년에 등록문화재 304호로 등

가은역 건물은 2006년에 등록문화재 304호로 등재되었다. 1955년에 준공한 가은역은 현재까지 남아있는 유일한 목조 역사로서 일제 강점기 후반과 해방 초기의 건축 양식을 공부할 수 있는 소중한 자료이다.

도시, 다시 살다

재되었다. 카페는 건물의 겉과 안을 최대한 보존하여 역사와 이 안에 얽힌 이야기를 전달하고 있다.

로컬푸드 카페로 새로운 삶을 사는 가은역사는 두레 사업체로 선정되어 지역 주민에게 일자리를 제공할 뿐만 아니라, 사랑방으로도 활용되고 있다.

카페 가은역에는 공동체를 향한 꿈이 흐른다. 이 공동체는 로컬푸드로 연결되어 있다. 카페 가은역이 최종적으로 지향하는 것은 '팜 스테이션'이다. 단순히 지역 농가에서 재배한 과일과 작물을 활용하여 메뉴를 개발하는 것을 넘어 지역을 로컬푸드로 연결하고자 한다. 지금은 오미자와 사과 중심으로 메뉴를 개발하고 있지만 가까운 미래에는 오이와 표고버섯, 문경 쌀, 다래, 블루베리, 아로니아까지 문경의 로컬푸드를 '카페'라는 플랫폼 안에 담고자 한다. 이를 통해 지역 농가의 소득을 증가시키고, 지구를 지키며, 사회적 연결망을 단단하게 조성하는 세 가지 달콤한 미래를 그리고 있다.

카페 가은역의 진짜 콘텐츠는 '로컬푸드로 연결되는 공동체'이지만 탁월한 품질의 메뉴도 이 공간이 많은 사랑을 받는 요인이다. 늦은 시간에 도착하면 주문조차 어려운 '사과 밀크

늦은 시간에 도착하면 주문조차
어려운 사과 밀크티, 사과 버터와
함께 제공되는 스콘 도시락은 카페
가은역의 대표 메뉴다.

티'는 카페 가은역의 자랑이며, '사과 버터'와 함께 제공되는
스콘 도시락은 여행자의 입맛을 만족시키기에 충분하다.

    카페를 방문하자마자 사과 밀크티와 스콘 도시락을 시켜
놓고 이곳저곳을 사진에 담는 와중에 손님이 두 팀 더 들어
왔다. 밀크티의 향과 맛이 너무 좋아 집으로 몇 개 사들고 가
려 했는데, 아쉽게도 밀크티는 품절이었다. 아쉬움이 컸지
만, 그 아쉬움 덕분에 다시 한 번 이곳에 방문하게 될 것 같다
는 생각이 들었다.

도시, 다시 살다

1호 에너지 자립마을의 흔적을 찾아,
서울 동작구 성대골

특별한 취재 계획을 가지고 상도동을 방문한 것은 아니었다. 그러나 성대골은 우리나라 에너지 자립마을의 시작을 알린 전설과도 같은 공간이라 그냥 지나칠 수는 없었다.

계획이 없는 여행은 극과 극의 결과를 만들어 낼 수 있다. 여기저기 우왕좌왕하다가 소득 없이 끝날 수도 있고 우연히 마주친 상황과 기회 속에 새로운 통찰을 얻을 수도 있다. 결과를 미리 보고하자면, 성대골 방문은 전자에 가까웠다. 그런데도 이 공간을 책에 담기로 한 이유는 이 공간의 현재를 통해 기후위기 시대에 도시에 채워야 할 콘텐츠를 상상할 수 있기 때문이다.

기후위기 시대에 우리는 '녹색'으로 도시와 마을을 채워야 한다. 도시를 채우는 콘텐츠로서 '녹색'은 '먹을거리'와 '에너지'의 자립을 의미한다. 먹을거리의 자립은 로컬푸드 확산으로 현실화할 수 있고, 에너지의 자립은 전환 마을로 현실화할 수 있다.

그렇다면 에너지의 자립은 왜 필요할까? 에너지경제연구

원에서 집계한 '에너지수급통계'에 따르면, 1981년에는 7%였던 석탄발전 비중이 2019년에는 51%를 넘어섰다. 유연탄을 활용한 화력발전은 기후위기의 주요 원인인 이산화탄소, 초미세먼지를 만드는 질소산화물과 황산화물 등 다양한 오염물질을 공중에 배출한다. 석탄의 사용량을 줄이는 것은 지속가능한 성장을 위해 필수적이다.

원자력발전 비중은 2010년 이후 대략 30% 이상을 유지

성대골 마을지도이다.
마을지도 위에 놓인
태양광 패널이 이 공간의
상징처럼 보였다.

도시, 다시 살다

하고 있다. 원자력발전은 에너지원 자체는 청정하다고 할 수 있지만, 사용 후 핵원료(고준위방사성폐기물)가 문제이다. 한국수력원자력(한수원)은 홈페이지에 사용 후 핵원료 현황을 공개하고 있는데 가장 높은 저장률을 보이는 곳은 고리(약 86%)이고, 비교적 최근에 건설된 신월성은 약 12%의 저장률을 보인다.

각 원전에 설치된 임시저장시설이 가득 차면, 발전소의 수명과는 관계없이 원자로를 가동할 수 없다. 사용 후 핵연료가 포화 상태에 이른 발전소를 계속 사용하려면 우리나라 땅 어딘가에 핵폐기물을 저장하기 위한 시설을 따로 지어야 한다. 원자력 발전소를 짓거나 저준위 방사성폐기물 처리장을 짓더라도 어마어마한 사회적인 비용을 감내해야 하는데, 고준위 방사성폐기물인 사용 후 핵연료 처리 시설을 건설하기는 쉽지 않을 것이다. 이를 건설하기로 결단을 내리는 지도자는 양심을 얻고, 지지를 잃을 것이 분명하다.

원자력 발전의 또 다른 문제는 에너지가 생산되는 장소와 소비되는 장소의 거리가 멀다는 점이다. 전기는 블루투스가 아니다. 전기를 사용하는 우리는 마치 보이지 않는 전기가 공기를 타고 가정까지 도착하는 것과 같은 착각에 빠질 수 있지만, 사실 이 전기는 셀 수도 없이 많은 송전탑을 거쳐 우리 집까지 배달된다.

'밀양 송전탑 갈등'을 기억하는 독자들이 적지 않을 것이다. 울산의 신고리 3호 원전에서 생산한 전기를 경북의 대도시로 배달하기 위해 송전탑이 필요했던 정부와 송전탑에 앞마당과 일터를 내줘야 했던 지역 주민의 갈등은 우리 사회의 잠복한 모순을 그대로 노출하는 계기가 되었다.

송전탑의 유해성 논란은 종결되지 않았다. 유해의 근거가 되는 연구 결과가 있는 반면에 무해의 근거가 되는 연구 결과도 있다. 공중 보건에 관한 논란은 굳이 여기서 논하지 않더라도, 우리나라의 산과 들에 무수히 꽂힌 송전탑이 환경에 좋을 리 없다. 과연 어떤 도시를 다음 세대에게 전해 주어야할까. 심각한 고찰이 필요한 시점이다.

서울시가 추진하는 에너지 전환 마을 정책은 2013년에 시작되었다. 11곳이 에너지 자립 마을로 선정되었고, 서울 동작구 상도동 일대의 성대골은 '성대골 모든 주민의 꿈! 에너지 자립마을'이라는 이름으로 사업을 시작했다.

성대골에 도착한 나는 마을 초입에서 지도부터 찾기 시작했다. 마을 단위의 기획은 반드시 마을지도를 이정표로 남겨 놓기 마련이다.

마을지도 위에 놓인 태양광 패널이 이 공간의 정체성을 보여주고 있었다. 하지만 기획자의 안내 없이 공간을 모두 이해하는 것은 어려워 보였다. 나는 일단 발길이 닿는 곳부터 가보기로 했다.

그래도 '에너지 슈퍼마켙'은 꼭 들르고 싶었다. 에너지 슈퍼마켙은 집 주변에서 슈퍼마켓을 이용하는 것처럼 에너지 절약과 관련한 제품을 손쉽게 구매할 수 있는 곳이라는 뜻을 담고 있다. 슈퍼마켙의 마지막 글자를 '켓'이 아닌 '켙'으로 한 이유는 에너지를 뜻하는 영어단어인 Energy의 'E'가 'ㅌ'와 닮았기 때문이라고 한다.

지도에 표시되어 있었고, 성대골 에너지 자립마을을 웹에서 검색하면 자주 등장하는 곳이라 현재의 모습을 알고 싶었다. 하지만 이 소박한 희망은 이루어지지 않았다. 한참이나 지도의 길과 실제 길 그리고 각종 기사에 실린 건물의 모습과 실제 건물을 대조해가며 찾아봤지만, 찾을 수가 없었다. 이유는 간단했다. 마을지도 바로 옆에 있던 에너지 슈퍼마켙은 마을기업인 '골목식당'으로 새로운 삶을 시작했기 때문이

에너지 슈퍼마켙의 과거
모습(위)과 현재 모습(아래) 성대골
에너지마을의 구심점이었던
에너지슈퍼마켙은 마을기업인
골목식당으로 새로운 삶을
시작하고 있었다.

도시, 다시 살다

다. 아쉬운 마음이 들었지만, 지역 공동체의 활성화에 이바지하는 마을기업의 탄생은 사회적경제를 공부하고 현장에서 활동하는 나로서는 반갑기도 했다.

아쉬운 마음을 뒤로 하고 본격적으로 걷기 시작했다. 예닮교회를 지나 언덕 초입에 들어서니 '성대골 어린이도서관'을 찾을 수 있었다. 이곳은 주민이 만들고 주민이 운영하는 도서관으로 공동체 마을 활동 공간으로도 활용되고 있다. 얕은 언덕을 오르면 에너지 교육의 허브, 구립 성대어린이집을 만날 수 있다. 역시 태양광 패널이 설치되어 있다.

성대골이 귀감이 되는 이유 중 하나는 어린이집을 다음 세대를 위한 에너지 교육의 장으로 활용하고 있다는 점이다. 성대골 어린이집의 아이들은 에너지 자립을 위한 마을 주민들의 노력을 배우며, 에너지 절약의 필요성에 대해 공감하는 마음 밭을 키운다. 눈에 보이는 정부 지원 사업의 흔적보다 더 중요한 것은 눈에 보이지 않는 결실이다. 성대골이 다음 세대의 교육을 위해 어린이집을 활용하고 있는 점은 이 부분을 고려한 것이다.

구립 성대어린이집을 지나 계속 언덕을 오르면 주거지가

성대골 어린이도서관은
주민이 직접 만들고 운영하는
도서관으로 공동체 마을활동
공간으로도 활용되고 있다.

펼쳐진다. 주거지에서 에너지 자립마을의 흔적을 찾기는 쉽
지 않았다. 드물게 태양광 패널이 설치되어 있지만, 보통의
주택가 이상의 관심으로 보기에는 무리가 있었다. 라이프 스
토리(Life Story)라는 이름의 빌라 정도가 눈에 띄었는데, 5층
짜리 건물의 모든 세대에 태양광 패널이 설치되어 있었다.
태양광 패널의 위치와 크기 등을 고려하면, 빌라 자체의 기
본 옵션으로 보였다.

　에너지 자립마을로서 성대골의 현재는 짧은 방문으로 평
가하기 어려웠다. 다만 한 가지 분명한 것은 성대골의 가치
를 태양광 패널 설치같이 눈에 보이는 에너지 절약형 구조

물만으로는 평가할 수 없다는 점이다. 에너지 절약이 주민의 삶에 깊숙이 습관으로 침투할 수 있도록 최대한 주민과 함께 그리고 다음 세대와 함께 실천하려 한 점에 우리는 주목해야 한다. 이러한 노력은 에너지 자립마을의 유산으로 남아 다른 지역으로 확산하는 힘이 될 것이다.

태양광 패널이 설치된 구립 성대어린이집 전경이다. 성대골 어린이집의 아이들은 에너지 자립을 위한 마을의 노력을 배운다.

녹색으로 채운 도시

로컬푸드와 신재생 에너지는 죄가 없다. 태양광 패널의 효율이 떨어지는 것도 따지고 보면 문제가 아니다. 진짜 문제는 우리 안의 '냉소'이다. 그 냉소가 로컬푸드와 신재생 에너지의 확산에 큰 장애물로 작용하며, 힘겹게 기후위기에 대응하는 시민들의 기운을 빠지게 한다.

먹을거리와 에너지의 자립은 기후위기의 유발자이자 기후위기 시대를 살아내야 하는 우리가 할 수 있는 최소한의 노력이다. 물론 모든 먹을거리를 로컬푸드로만 채우면 식단의 한계에 부딪힐 수 있고, 상승하는 비용에 절망할지 모른다. 핵발전을 완전히 폐기하고 신재생 에너지로만 전력을 생산하면 상승하는 전기료를 감당하지 못하는 가구가 속출할 수도 있다. 그런 사회를 강요하자는 것이 아니라 로컬푸드는 문화로, 에너지 절약은 습관으로 우리 삶에 받아들여 일상적으로 '지구의 미래'를 고민하자는 것이다.

내가 로컬푸드를 소비한다고 단번에 탄소 제로 사회가 되는 것도 아니고, 태양광 패널을 설치한다고 원전을 곧장 하나 줄일 수 있는 것은 아니지만, 작은 실천이라도 해야 다음 세대로부터 '노력이라도 했다'는 평가를 들을 수 있을 테다. 아무것도 하지 않고 냉소를 보내는 것보다는, 무엇이라도 해 보는 것이 훨씬 낫다.

잊지 말자. "지구적으로 생각하고, 지역적으로 실천하라!"

포기할 수 없는 사회적 가치,
소셜 믹스

뉴욕의 바아 베르데와
남양주의 위스테이 별내

할머니 두 분

클리블랜드에서의 마지막 추수감사절이 다가왔다. 감사
절을 어떻게 보낼지 고민하던 중에 지도교수님의 전화가 왔
다. 저녁 식사 초대였다. 아주 짧은 순간 '유대인도 추수감사
절을 지키나?'라는 의문이 들었지만, 초대에 기쁘게 응했다.

추수감사절이 되었고, 고소한 칠면조 냄새를 맡으며 교수
님 댁으로 들어섰다. 그런데 식탁에는 처음 보는 할머니 두
분이 함께하셨다. 두 할머니는 이 집에서의 식사가 처음이
아닌 듯 매우 자연스럽게 동참하였다. 난 처음에는 지도교수
님의 어머니와 이모 정도 되나보다 생각하며, 굳이 묻지 않
았다. 보통 초면인 사람끼리는 호스트가 먼저 소개를 해 주
기 마련인데, 식사가 끝날 때까지 교수님은 두 분에 대해 별
말이 없으셨다.

식사가 끝나고 차와 과일이 준비되었다. 벽난로에서는 마

늘이 구워지고 있었다. 유대계 미국인 집에서 구운 마늘이라니, 의외였다. 아린 맛이 아직 사라지지 않은 마늘을 몇 알 입에 넣었을 즈음, 교수님이 나를 서재로 부르셨다. 서재에서 교수님은 두 할머니에 대한 이야기를 시작했다.

초대의 이유

두 할머니는 모두 오래 전에 신랑을 잃었다. 한 분은 교통사고로, 한 분은 산업재해로 남편을 잃었다고 했다. 교수님의 비치우드(Beachwood) 유대 공동체는 과부나 고아, 장애인과 같은 사회적 약자를 공동체가 함께 '케어(care, 돌봄)'한다고 하셨다.

교수님의 설명에 따르면, 과부에 대한 돌봄은 간단한 방법으로 이루어진다. 가정마다 돌아가며 집으로 초대해 저녁 식사를 함께 하는 것이다. 한 가정이 그렇게 일주일을 할머니들에게 봉사해야 한다. 밥을 함께 먹으며 어려운 점을 공유하면 그를 도울 수 있는 아이디어가 떠오르고, 이는 공동체의 자치 회의에서 안건으로 다루어진다.

비치우드 유대 공동체가 스스로 정한 규율에는 저녁 식사만 초대하는 것이 의무인데, 가정에서 거의 일주일 내내 할머니에게 집을 개방한다. 꼭 저녁 식사가 아니더라도 과부 할머니들은 언제든 필요할 때마다 자신을 케어하는 가정에 방문할 수 있다. 거의 모든 할머니들이 가정을 방문하여 식사를 대접받을 때마다 그 가정의 아이를 돌보고 화단을 가꾸고, 설거지를 돕는 등의 방법으로 고마움을 표현하는데 이는 공동체의 건전한 연결망을 견고히 하는 수단이라고 했다.

교수님은 말씀을 마치며 공동체가 살아나서 서로 케어하면, 오히려 정부의 역할을 줄어들어 세금을 아끼는 효과가 나타난다고 설명하셨다. 눈에 보이지 않는 긍정적인 효과가 작지 않다는 의미다.

교수님은 이번 추수감사절에 두 할머니를 케어하는 순번은 아니셨는데, 유대 공동체가 살아가는 방법을 나에게 소개하기 위해 순서를 바꿔 할머니를 초대하신 것이다.

사회적경제지원센터의 장

한국으로 귀국한 후 나는 정부출연연구기관인 한국행정연구원을 거쳐 강남대학교 행정학과(현 정경학부)에 자리를 잡았다. 행정학과에서는 정부의 조직과 인사 그리고 재무를 주로 가르치지만, 강한 자석처럼 나를 끌어당기는 연구 분야가 있었다. 바로 '사회적경제'였다.

사회적경제는 '경제적 가치'와 '사회적 가치'를 동시에 추구하는 대안적인(혹은 새로운) 경제 체제를 의미한다. 우리가 사는 자본주의의 가장 기본적인 욕망은 경제적 가치의 실현이기에 두 가치의 공존은 다소 이상적으로 보일 수도 있다.

경제적 가치의 실현을 위해 기존의 자본주의 시장경제는 우리에게 '합리적'이 되도록 강요했다. 나는 사회적경제에 대한 강의를 할 때 항상 이 질문으로 시작한다.

"여러분은 합리적인 사람인가요?"

이 글을 읽는 독자도 스스로가 '합리적'인지 질문해 보기를 바란다. 아마 다른 사람으로부터 "당신은 합리적인 것 같다."라는 평가를 듣는다면, 이를 싫어할 사람은 없을 것이다. 하지만 우리가 평소에 사용하는 '합리적이다.'라는 표현과 시장경제의 '합리적이다.'라는 표현은 같지 않을 수 있다. 시장경제에서 '합리적이다.'라는 표현은 '경제적이다.'로 바꾸어 사용해도 틀리지 않다. 무엇이 '경제적'인 것일까? 최소의 비용으로 최대의 효과를 달성하는 것이다. 자본주의 시장경제는 시장을 구성하는 기업과 소비자에게 경제적이어야 한다고 강요해 왔다.

우선 기업 입장에만 초점을 맞추어 생각해 보자. 기업 입장에서 신입 사원으로 장애인을 채용하면 될까? 안 된다.

경계선 지적 지능인 아이의 엄마와 대화할 기회가 있었다. 그가 자녀에게 만 원을 건네며, 점심 식사를 위해 7,000원을 쓰고, 3,000원을 가져오라고 한 적이 있단다. 그런데 자녀가 점심 식사를 위해 방문한 식당은 하필이면 메뉴의 가격이 500원 단위였다. 6,500원짜리 비빔밥, 7,500원짜리 김치찌개, 8,500원짜리 제육볶음이 적힌 메뉴판을 한참 동안 응시했을 이 아이는 아무것도 먹지 못하고, 엄마에게 돌아왔다. 만 원은 그대로 주머니에 있었다. 세상의 어떤 엄마가 500원 덜 썼다거나 더 썼다고, 혹은 1,500원을 더 써서 맛

있게 밥을 먹었다고 자신의 자녀를 타박할까. 아이의 엄마는 아이를 안고 하염없이 울었다. 경계선 지적 지능인 사람의 겉모습은 비장애인과 전혀 다를 바 없고 간단한 의사소통도 가능하지만, 복합적인 사고를 하지 못하고, 창의적인 결과를 만들지 못한다. 이 엄마의 자녀를 기업에서 채용하는 것이 '합리적'일까? 기업이 이런 장애인을 채용하면, 최소의 비용으로 최대의 효과를 달성하지 못한다. 그러므로 합리적이지 못한 의사결정이다.

경력단절 여성은 결혼, 임신과 출산, 육아, 자녀교육 등의 사유로 직장을 그만둔 여성을 의미한다. 경력단절 여성을 사원으로 채용해도 될까? 안 된다.

대학을 졸업한 후 좋은 직장에 취직하여 열심히 일했고, 사랑하는 사람을 만나 결혼을 한 직장 여성을 상상해 보자. 그에게는 더 늦기 전에 임신과 출산을 하도록 유무형의 압박이 들어온다. 임신은 축하할 일이지만, 직장에서는 눈칫밥 신세로 전락한다. 이미 이때부터 기업은 이 임신한 직원으로 인해 최소의 비용으로 최대의 효과를 내지 못하고 있다 여길지 모른다. 결국 출산과 동시에 퇴직할 수밖에 없고, 우리 사회는 출산한 여성의 퇴직을 매우 자연스러운 것으로 받아들였던 시대가 있었다. 자녀가 중학교에 입학할 때 즈음에 가정은 경제적인 어려움에 직면하는 경우가 많다. 한국에서 사교육비는 평범한 가정이 감당할 수준이 아니기 때문이다. 그래서 직장에 다니던 여성이 다시 일을 하고자 한다. 하지만 이 경력단절 여성이 세월의 흐름을 단시간에 따라잡기는 쉽지 않다. 현대 사회의 지식과 기술은 매우 빠르게 변한다. 기업 입장에서 경력단절 여성을 고용하는 것은 큰 부담이다. 이들을 위한 추가 교육 비용이 필요하기 때문이다. 따라서 경력단절 여성을 고용하면, 기업은 최소의 비용으로 최대의 효과를 낼 수 없다.

내가 현재 센터장으로 일하는 하남시는 북한이탈주민을 '먼저 온 통일 시민'이라 부른다. (꽤 매력적인 표현이다.) 이 먼저 온 통일 시민을 사원으로 채용하는 것은 어떨까? 안 된다.

실제로 하남에서 있었던 일이다. 먼저 온 통일 시민 한 분이 식당에서 서빙을 시작했다. 한국 사회에 적응하기 위해 시작한 일이었기에 처음에는 의욕이 넘쳤는데, 며칠 후 출근을 포기했다. 일을 시작한 직후 식당을 찾은 손님이 이런 주문을 했단다. "여기 포크 좀 주세요!" 식당에서는 자연스러운 요청이다. 그런데 먼저 온 통일 시민이 '포크'를 알아듣지 못하고, 손님에게 되물었다. "뭘 달라고 하셨죠?" 손님이 다시 한번 힘주어 말했다. "포크요, 포크!" '포크'라는 단어의 뜻을 몰랐던 먼저 온 통일 시민이 주저주저하니 손님이 짜증이 났나 보다. 식당 사장에게 항의 표시를 했고, 이와 유사한 일이 몇 차례 반복되었다. 결국 먼저 온 통일 시민은 일을 그만둘 수밖에 없었다.

겉모습은 한국인과 똑같고, 한국어를 사용하지만, 소통이 쉽지 않다. 당연히 기업이 북한이탈 주민을 사원으로 뽑으면, 최소의 비용으로 최대의 효과를 낼 수 없다.

우리 공동체에는 많은 취약 계층이 함께 살고 있다. 그러나 이들을 멀리하고자 하는 욕구가 우리를 지배하고 있을지 모른다. 의식하든 하지 않든 우리는 합리적일 것을, 경제적일 것을 강요받아 왔고 그렇게 살아야만 '이성적'이라고 평가받았기 때문이다. 그 결과 우리는 '이기적'으로 사는 것을 잘사는 것이라 인식하게 되었다.

사회적경제는 이런 삶의 방식을 불편하게 여긴다. 사회적경제는 합리적이고 경제적이며, 이성적인, 그래서 이기적일 수밖에 없는 우리의 삶이 몹시도 불편한 사람들을 위한 새로운 경제 체제이다.

사회적경제는 사회적 약자와 함께 공동체를 공동체답게 세워간다. 그래서 매력적인 영역이고, 난 지금까지 내 삶의 경험 중 '하남시 사회적경제지원센터'의 센터장이라는 이력이 가장 자랑스럽다.

하남시 사회적경제지원센터는 2019년 4월에 문을 열었다. 2019년부터 사회적 약자를 위해 일자리를 만들고 사회서비스를 제공하고자 하는 하남 시민들이 사회적기업가가 되기 위해 센터에서 교육을 받고 있다.

소셜 믹스(social mix)를 위한
미국의 제도

'소셜 믹스'는 한 지역 사회를 기준으로 소득의 수준, 거주의 방법, 사회적인 지위의 다양성을 의미하는 개념이다.

유대인 공동체는 종교와 인종의 관점에선 소셜 믹스가 매우 낮다. 단일한 종교와 인종으로 구성된 공동체이기 때문이다. 하지만 실천적인 규율을 창조하여 과부와 고아를 보듬어온 그들의 케어 방법은 소셜 믹스를 지향하고 있다고 볼 수 있다. 비치우드 유대 공동체는 스스로가 만든 규율을 통해 사회적 약자를 돌봄으로써 소셜 믹스의 가치를 실현하고 있다. 그들은 낙오를 허락하지 않는다. 그리고 그 길이 오히려 세금을 아낄 방법이므로 세속 정부를 돕는다고 믿는다.

미국에서 소셜 믹스는 소득 믹스(income mix)로 이해되는 측면이 강하다. 즉, 한 지역 사회 안에서 소득 계층의 다양성을 소셜 믹스로 이해하는 것이다. 미국의 소셜 믹스를 이끄는 제도는 '저소득층 주택 세액 공제 제도(Low Income Housing Tax Credit: LIHTC)'이다. LIHTC는 지역 사회 취약계층을 위한 주택을 공급하는 것이 목표인 정책 수단으로서 주택 공급에 나서는 민간 사업자가 혜택을 받을 수 있도록 설계되었다.

민간 사업자 입장에서는 굳이 저소득층을 위해 주택을 공급할 필요가 없다. 시장 가격(market rate)의 주택을 짓는 것이 훨씬 더 큰 이익을 가져다주기 때문이다. 따라서 민간 사업자는 보장된 미래의 이익 중 일부를 포기하는 만큼 LIHTC 제도를 통해 보상을 받는다.

LIHTC를 주관하는 부서는 우리나라의 국토교통부 격인 미국 주택·도시개발부(U.S. Department of Housing and Urban Development: HUD)이다. HUD에 따르면, 1987년부터 본격적으로 주택 시장에 공급된 저소득층을 위한 LIHTC 임대 아파트는 2021년 현재 누적 건설 수가 4만 9천 건에 이른다. 미국의 크기를 고려하더라도 지금까지 한 주에 980개 정도의 저소득층 임대 아파트가 민간 사업자에 의해 공급된 셈이니 임대 시장에 적지 않은 영향을 미쳤을 것이다. 주목할 점은 LIHTC는 저소득층만을 위한 공급 부양 정책으로 설계되지 않았다는 점이다.

LIHTC는 저소득층을 위한 집과 중위 소득자 이상의 계층을 위한 가구를 혼합하여 구성할 수 있도록 제도가 설계되었다. 민간 사업자는 지어지는 아파트에 포함된 호 중 20%

나 40% 이상을 저소득층에게 제공하면 LIHTC의 지원을 받을 수 있다. 예를 들어, 민간 사업자가 아파트를 100가구로 구성할 계획이라면, 20가구나 40가구 이상을 저소득층에게 제공하면 된다.

20%를 기준으로 할 것이냐 40%를 기준으로 할 것이냐에 따라 저소득층의 정의가 달라진다. 20%를 저소득층에게 제공하는 경우 저소득층은 인근 지역 중위 소득의 50% 이하를 의미하며, 40%를 저소득층에게 제공하는 경우 저소득층은 인근 지역 중위소득의 60% 이하를 의미한다. 쉽게 풀이하면, 저소득층을 위해 더 많이 공급하면, 저소득층에 대한 정의가 완화되고, 적게 공급하면 강화되는 것이다. 이런 LIHTC는 미국 사회에서 경제력 차이에 의한 분리를 완화하는 역할을 한다.

현장에서의 평가도 비교적 괜찮다. HUD의 통계에 따르면, 전체 세입자 중 22%는 흑인, 21%는 백인, 11%는 히스패닉으로 인종 간 분리를 완화하는 효과도 있다(세입자의 41%는 알려지지 않았다).

사회 통합을 위한 찬란한 녹색의 땅,

비아 베르데(Via Verde)

뉴욕주 브롱크스(Bronx)에 있는 비아 베르데는 2012년에 LIHTC을 활용하여 건설된 임대 아파트이다. 아파트의 이름이 매력적이다. 영어의 Via는 '(어떤 장소를) 경유하여' 또는 '(어떤 사람을) 통하여'라는 의미로 문어나 구어 모두에서 자주 쓰이는 단어이고, 스페인어로 Verde는 녹색이라는 뜻이다. 영어와 스페인어가 조합한 Via Verde는 '녹색을 경유하여'로 번역할 수 있다.

이름을 통해 두 가지 유추가 가능하다. 아마도 이 아파트는 히스패닉(스페인을 모국어로 사용하는 미국 거주자)을 위한 아파트일 수 있으며, 친환경적인 건축 방법이 활용되었을 것이다. 실제로 브롱크스는 뉴욕주에서 히스패닉이 가장 많이 거주하는 곳으로 인구의 50% 이상이 히스패닉이다. 또한, 비아 베르데는 미국의 친환경 건물 인증 제도인 LEED(Leadership in Energy and Environmental Design) 인증을 받은 아파트다.

비아 베르데를 자세히 들여다보기 전에 브롱크스를 더 살펴보자. 뉴욕시는 맨해튼(Manhattan), 브루클린(Brooklyn), 퀸스(Queens), 스테이튼 아일랜드(Staten Island), 브롱크스(Bronx) 등의 다섯 개의 보로(Borough)로 구성된다.

'보로'는 영어권 국가에서 가끔 등장하는 행정 구역의 명칭인데, 국가마다 의미가 조금씩 다를 뿐만 아니라, 심지어 미국에서는 사용하는 주마다 의미가 전혀 다르다. 알래스카 주의 보로는 시(City)보다 상위의 행정 단위인 카운티(County)와 동의어인 데 반하여, 펜실베이니아에서는 비교적 농촌 지역을 의미하는 타운(town)과 같은 의미로 사용된다.

한편, 뉴욕시의 보로는 뉴욕시를 구성하는 행정 단위이다. 우리나라의 광역시는 자치구로 구성되므로 뉴욕시의 보로를 자치구로 번역하는 국내 학자가 많다. (온라인 번역기도 '자치구'로 번역한다.) 하지만 앞의 예처럼, 모든 보로를 자치구로 번역하면 오류가 생길 수 있기에 주의할 필요가 있다.

20세기 이후 브롱크스의 역사는 보통 4단계로 구분한다. 1단계인 1900~1929년의 브롱스크는 폭발적인 인구의 증가를 경험하였다. 이 기간에 인구는 무려 6배가 증가하였다. 2단계인 1930~1950년의 브롱크스는 대공황의 여파로 성장이 둔화하였고, 3단계인 1950~1985년에는 급속한 쇠퇴

도시, 다시 살다

를 경험하였다. 쇠퇴 원인 중 하나로 꼽히는 것이 이 기간에 집중적으로 공공 임대 주택이 건설되었다는 점이다. 소셜 믹스를 고려하지 않은 무분별한 공공 임대 주택의 공급은 중산층을 도시에서 내몰고, 보로가 저소득층 중심의 도시로 전환되는 데 영향을 미쳤다. 마지막 4단계인 1985년 이후의 브롱크스는 변화를 위해 노력하고 있다. 저소득층 유입을 유도

브롱크스 정부와 공동체의 구성원은
저소득층 이주를 유도한 공공 임대 아파트를
사회와 경제 그리고 환경의 통합이
가능하도록 소셜 믹스 단지로 탈바꿈시키는
중이다. 그 결실이 비아 베르데이다.

한 공공 임대 아파트를 사회와 경제 그리고 환경의 통합이 가능하도록 소셜 믹스 단지로 탈바꿈시키는 중이고, 비아 베르데가 그 결실이다.

비아 베르데가 부러운 몇 가지 이유를 살펴보자. 일단 비아 베르데는 예쁘다. 약자를 위한 건축물은 디자인적 요소가 고려되지 않을 것 같다는 일반적인 편견을 보기 좋게 반박하는 건물이다. 이 아파트의 시행사는 더 핍스 하우스 그룹(The Phipps Houses Group)과 조너선 로드 컴퍼니(Jonathan Rose Companies)의 컨소시엄이며, 시공은 뉴욕의 유명 건축 회사인 다트네르 아키텍츠(Dattner Architects)가 맡았다. 또한, 건물의 디자인을 위해 세계적인 건축 디자인 회사인 그림쇼(Grimshaw)가 파트너로 참여하여 세상에 하나밖에 없는 아파트가 탄생하였다.*

비아 베르데는 소셜 믹스를 위해 디자인되었다. 이 아파트는 20층의 아파트 타워와 6층에서 13층의 복층 구조 아파트, 2층에서 4층의 타운하우스 등 세 가지 특색 있는 건물로

---

* 다트네르 아키텍츠는 뉴욕시에서 다수의 공공 프로젝트를 현대적인 미적 감각으로 수행한 경험이 있으며, 그림쇼는 런던, 뉴욕, 시드니, 멜버른 등에 사무소가 있는 명성 있는 디자인 그룹이다.

도시, 다시 살다

비아 베르데는 사람과 사람이
만나 공동체 활동이 가능하도록
열린 공간을 다양하게 배치했다.
그중에서도 옥상은 더욱 특별하다.

구성된다. 세 개의 건물마다 사회적 약자를 위한 임대 아파
트와 중위 소득 이상의 가구를 위한 아파트를 적절히 배치해
소득에 따른 공간적 분리가 발생하지 않도록 배려했다. 모두
222가구가 입주해 있는데 이 중 120가구가 사회적 약자(주
로 저소득층)이다.

비아 베르데는 사람과 사람이 만나 공동체 활동이 가능하
도록 열린 공간을 다양하게 배치했다. 가장 눈에 띄는 것은
옥상이다. 2층과 3층의 타운하우스 옥상에는 각각 원형 극

장과 침엽수 정원이 있고, 4층의 타운하우스 옥상에는 과실수 정원이 있다. 5층 아파트 옥상에는 주민이 직접 재배하고 수확하는 커뮤니티 가든이, 7층 옥상에는 주민을 위한 피트니스 기구가 있다. 이 모든 공간이 계단으로 연결되어 공동체의 활성화를 유인한다.

비아 베르데는 친환경적이고 사회 통합적인 미국 임대 아파트의 방향성을 제시한 점을 인정받고 있다. 인종과 소득에 따라 분리되는 것이 더 자연스러운 미국에서 사람의 피부색과 직업에 따라 주거를 분리하지 않았고 열린 공간의 활용을 통해 자연스러운 주민의 만남이 이루어지도록 했다.

여기서 그치는 것이 아니라 건물 안에서 주민의 자발적인 학습의 터전도 조성되었다. LEED 인증을 받은 건물답게 비아 베르데에는 곳곳에 신재생 에너지 발전 시설이 설치되어 있다. 기후위기의 시대를 살아야 하는 후속 세대에게 이는 매우 좋은 교육 교재다. 옥상의 커뮤니티 가든에서 재배한 채소를 활용한 요리 교실 등도 주민이 스스로 열고 운영 중이다.

도시, 다시 살다

사회주택 학습의 본진,
위스테이(WESTAY) 별내

경기도 남양주의 별내에는 위스테이 별내가 있다. 위스테이는 인증 사회적기업인 주식회사 더함에스디(이하, 더함)가 탄생시킨 우리나라의 대표적인 사회주택 브랜드이다. 현재 경기도 남양주의 별내와 경기도 고양의 지축에 위스테이 공급이 완료된 상태이다. 위스테이는 사는 것(buying)으로서의 아파트보다 사는 곳(living)으로서의 아파트를 강조한다.

토지는 교환 가치(exchange value)와 이용 가치(use value)라는 두 가지 가치가 혼재된 재화이다. 교환 가치는 토지를 부의 증식 수단으로 이용하고자 할 때 발생하는 가치이다. 토지를 개발하여 이를 돈으로 교환하려는 가치인데, 주로 토지자산가와 개발업자가 추구한다. 반면에 이용 가치는 토지를 활용하려는 가치이다. 토지에서 먹고 자거나 장사를 해 생계를 꾸리는 사람이 추구하는 가치이다. 토지보다 중요한 것은 생계이며, 주로 임차인이 추구한다. 토지는 이들 가치가 충돌하는 싸움터인데, 주류 사회과학이론은 이 전장에서 이용 가치가 승리할 가능성은 전혀 없다고 단언한다.

어쩌면 사회주택도 사회적경제의 비합리적 성격의 결과물일지 모른다. 위스테이는 이 전장에서 이용 가치의 승리를 바라는 사람들의 간절한 염원이 담겨 있다. 그래서 사회주택을 학습하기 위해 정책 연구자와 사회적경제 활동가는 별내와 지축을 끊임없이 찾는다.

나도 위스테이 별내를 두 번 방문했다. 이어질 내용은 두 번째 방문에서 진행한 이상우 상임이사(위스테이별내사회적협

사진의 가장 오른쪽 나무 뒤의 건물이 위스테이 별내의 1103동이고, 가장 왼쪽에는 1105동이 보인다. 가로등 바로 왼편의 건물은 1104동이다. 이 두 건물을 잇는 공간이 모두 공동체를 위한 것으로 디자인되었다.

도시, 다시 살다

동조합)와의 인터뷰 내용을 중심으로 작성한 방문 기록이다.

위스테이 별내 프로젝트를 위한 사업비의 총액은 2000억 원 규모였으며, 국토교통부가 리츠(REITs: 부동산투자펀드)를 통해 70%를 투자했고, 위스테이별내사회적협동조합(이하, 조합)이 토지 가격에 해당하는 30%를 감당했다. 위스테이 별내는 3차에 걸쳐 조합원을 모집했는데, 경쟁률이 거의 없었던 1차 모집은 주로 사회적경제 관련자가 발기인 조합원으로 등록했다. 25%의 임차인이 이때 결정되었다. 이후 사회적 약자가 대상인 2차 모집에서 25%의 임차인이 결정되었고, 일반인이 대상인 3차 모집에서 나머지 50%의 임차인이 결정되었다. 사회적 약자 대상의 모집과 일반인 대상의 모집 경쟁률은 상당히 높아서 최종적으로 6.4:1의 경쟁률로 전세대 모집이 마감되었다고 한다.

공동체 아파트를 표방하는 위스테이 별내의 시설 관리(Facility Management: FM), 자산 관리(Property Management: PM), 공동체 관리(Community Management: CM)를 위해 더함이 100% 출자한 ㈜스페이스잇다가 더함으로부터 바톤을 이어받아 아파트를 관리 및 운영하고 있다. FM은 전기나 보일러 등의 전통적인 아파트 시설관리를 의미하며, PM은 임대료의 출납을 의미한다. 여기에 공동체 아파트를 표방하는 위스테이 별내에는 CM이 추가되었다. CM은 공동체 공간의 관리와 공동체 활성화를 위한 사업을 기획하는 기능이다. 공식적으로는 ㈜스페이스잇다가 CM을 맡고 있지만, 조합의 적극적인 참여로 CM 기능 중 상당 부분이 조합으로 이관된 것으로 보인다.

위스테이 별내에는 다양한 공동체 공간이 조성되어 있다. 그리고 모든 공간에는 '동네' 혹은 '마을'이라는 친근한 접두사가 붙는다. 마을공동체 활동의 근간이 되는 '동네카페', 유아놀이방인 '키움터'와 다 함께 돌봄센터인 '자람터', 처음부터 주민의 아침밥을 책임지기 위해 디자인된 공유주방인 '동네 부엌', '동네 책방', '동네 체육관', 목공방과 아이들의 밴드 연습을 위한 '마을창작소' 등 방문자 입장에서는 하루에 모두 둘러보기도 힘들 만큼 정말 많은 공간이 있다.

이렇게나 많은 공동체 공간에서 어떤 멋진 일들이 벌어지고 있을까. 이 상임이사는 위스테이 별내의 4가지 특징에 대해 적지 않은 시간을 들여 설명했다.

첫 번째 특징은 마을교육공동체 플랫폼인 '백개의 학교'이다. 가르치는 사람도 배우는 사람도 모두 주민이어서 주민이

공동체 공간 중 하나인 동네 책방이다.
공기 청정기 뒤편에서 아이에게 책을
읽어주는 아빠의 모습이 매우 따뜻하다.
동네 책방은 2층도 있는데, 2층은 조금 더
편안히 책을 읽거나 주민이 동아리 활동을
할 수 있는 공간으로 꾸며졌다.

주인이 되는 교육 플랫폼이다. '백개의 학교'는 강좌의 개설
과 동아리 활동을 통해 진행된다. 동아리를 모집한 첫 날에
45개의 동아리가 모집될 만큼 주민의 참여 열기가 엄청났
다고 한다. 다만, 비슷한 동아리를 합치고, 운영을 원한 주민
이 다른 동아리에 참가하는 등의 이유로 실제로는 2020년
기준으로 27개의 동아리가 운영되었다. 이상우 상임이사는
'백개의 학교'를 통해 위스테이 별내가 평생 학습 마을이 되
는 것이 목표라고 강조했다.

현대 사회에서 마을교육공동체가 중요한 이유는 사회적 학습(social learning)이 이루어지기 때문이다. 사회적 학습은 주민이 가르치고 주민이 배움으로써 정보가 교환되고, 주민 간의 자발적인 컨설팅이 이루어지는 학습 플랫폼을 의미한다. 이런 과정을 통해 지역 공동체는 위기 상황도 지혜롭게 헤쳐나갈 수 있는 회복력(리질리언스)을 확보할 수 있다. 코로나19와 기후위기, 4차 산업 혁명, 저출산 고령화 등 지역 공동체의 해체를 강요하는 위기 요인은 무수히 많다. 공동체의 힘으로 극복하기 위해서는 사회적 학습이 필수적이고, 마을교육공동체를 통해 학습이 이루어져야 한다.

두 번째 특징은 돌봄 친화적 아파트이다. 위스테이 별내는 30~40대가 전체 주민의 60% 이상을 차지한다. 육아에 대한 고민이 많을 이들을 위해 공동 육아와 아이 돌봄이 공동체에서 가능하도록 공간을 충분히 확보했다. 처음에는 협동조합형의 어린이집을 운영하고자 하였지만, 학부모들의 현실적인 부담으로 인해 무산되었고 시립 어린이집이 운영 중이다. 다만, 운영에 학부모의 참여가 보장되어 협동조합의 정신이 살아 있는 어린이집이다.

세 번째 특징은 갈등이 관리되는 회복적 아파트이다. 공동체를 지향하는 아파트라고 할지라도 사람과 사람 사이에 다툼과 분쟁이 전혀 없을 수는 없다. 담배 연기나 층간 소음에 의한 피해는 보통의 아파트에서 거의 매일 쏟아지는 민원이다. 이곳이라고 크게 다르지 않을 것이다. 보통의 아파트는 관리 사무소가 중재 역할을 하기도 하지만, 대부분 을의 입장인 관리 사무소의 역할이 미미해 당사자 간의 폭력으로 이어지기도 한다. 위스테이 별내에서는 조합이 갈등관리위원회를 조직하여 전문적인 갈등 관리 교육을 받은 위원장과 위원이 적극적으로 중재에 나섬으로써 평화적인 해결 방안을 모색한다.

마지막 네 번째 특징은 커뮤니티 비즈니스의 활성화이다. 동네 카페의 직원이나 동네 사무소(관리 사무소)의 직원이 모두 주민이다. 아파트에서 일자리가 창출되고 공동체의 활동이 커뮤니티 비즈니스로 발전할 수 있도록 조합에서도 지원을 아끼지 않는다. 방문에서 흥미로웠던 점은 아파트 상가의 구성이다. 일반적인 아파트 상가에는 미용실, 병원, 편의점, 치킨 전문점, 카페 등 비교적 부가가치가 큰 상점이 입주하기 마련이다. 그런데 이곳의 상가동에는 편의점 한 개를 제외하면 모두 주민이 운영하는 사업체이다. 공동체 활동에 참

위스테이 별내의 상가동에는 편의점 한 개를 제외하면 모두 주민이 운영하는 사업체이다. 공동체 활동에 참여하는 주민은 별도의 협동조합을 조직하여 사업화하면, 위스테이별내사회적협동조합은 이를 적극적으로 지원한다.

여하는 주민이 별도의 협동조합을 조직하여 사업화하면, 위스테이 별내 사회적협동조합은 이를 적극적으로 지원한다. 그렇게 탄생한 상점이 로컬푸드 매장인 '협동상회'와 협동조합형 떡볶이 전문점인 '신천할매떡볶이', 남양주시 시니어클럽 3호점인 '60 플러스 일상터', 아이들 교육을 책임지는 '스스로 깨치는 아이들'이다.

매력 넘치는 이 아파트의 미래가 궁금했다. 나는 임대가 공식적으로 종료되는 8년 후에 관해 질문했다.

이 상임이사는 임대 아파트의 임대 기간이 종료되면 분양 아파트로 전환된다고 답했다. 만약 이대로 8년의 세월이 흐르면 주민은 아파트를 분양받거나 여력이 되지 않으면, 이곳을 떠나야 한다. 예정된 미래가 그렇다면, 과연 우리가 위스테이 별내를 사회주택으로 부를 수 있을지 의문이 들었다.

현재 조합이 가장 원하는 시나리오는 위스테이 별내의 491세대가 LH의 지분인 70%를 공동으로 부담하여 지분 모두를 조합이 확보하는 것이다. 현재 30%를 소유한 조합에 100% 소유 권한이 주어지고, 주민은 임대료를 조합에 지급하며 지금처럼 그냥 이곳에 사는 방안이다. 난 이 방안이 법률상 가능한지 궁금했다. 고민하던 이상우 이사는 법률적 보완이 필요할 것으로 생각한다고 답했다.

협동상회에서 몇 가지 먹을 거리를 구입해 집으로 향했다. 해가 지고 있었다. 우리에게도 사회주택다운 첫 번째 사회주택이 생겼다. 위스테이 별내가 진정한 사회주택인지 논쟁이 있을 수 있고, 무려 491세대가 입주한 만큼 공동체에 대한 주민의 생각이 다양할 수 있다. 조합의 역할 혹은 ㈜스페이스잇다나 다함의 역할과 기능에 대해서도 설왕설래를 할 수 있을 것이다. 하지만 분명한 것은 위스테이 별내가 공동체와 주민이 집의 주인이 되는, 사는 것이 아니라 사는 곳으로서 아파트가 진짜 의미를 찾는, 올바른 미래에 대한 우리 모두의 도전이라는 점이다. 그래서 이곳, 위스테이 별내는 8년 후에도 지금과 같기를 바란다.

우리에게도 사회주택다운 첫 번째 사회주택이 생겼다. 이곳에 살거나 살지 않거나 위스테이 별내는 소유 여부와 상관없이 공동체와 주민이 집의 주인이 되는 올바른 미래에 대한 우리 모두의 도전이다. 그래서 이곳, 위스테이 별내는 8년 후에도 지금과 같기를 바란다.

도시, 다시 살다

절대 포기할 수 없는 소셜 믹스

얼마 전 내 개인 소셜미디어 계정에 사회주택에 대한 소망을 끄적인 적이 있었다. 댓글은 긍정적이지만은 않았다. 소셜 믹스를 위한 주거 공간이 마련되어도 주민자치회를 분리하고, 엘리베이터와 비상용 계단 그리고 출입구마저 구별해 버리는 우리나라에서 과연 가능하겠냐는 것이다. 그간 우리 사회의 경험을 볼 때 어쩌면 당연한 반응이다. 그래도 우리는 소셜 믹스와 함께 미래로 나아가야 한다. 주류 패러다임을 바꾸기 위한 노력은 지금도 진행 중이다.

위스테이의 안착은 사회주택을 확산하는 계기가 되고 있다. 이제는 위스테이로부터 교훈을 얻고 학습하여 더 나은 대안을 마련할 것이다.

위스테이 별내의 1차 발기인 모집이 사회적경제 활동가를 대상으로 이루어졌다는 점은 앞으로의 사회주택 건설에서 참고할 만한 내용이다.

공동체의 중요성과 사회적 가치를 이해하는 '준비된 주민'이 위스테이의 소셜 믹스를 이른 시간 안에 가능하도록 했다. 기획력이 없으면 시장을 선점한 주류 기업과 경쟁하는 것이 불가능하므로 기획력을 키워온 이들이 첫 사회주택 실험을 성공의 길로 이끄는 것이다.

지금은 조합의 운영진이 공동체의 활성화 기획을 전담하고, 준비된 주민들이 현장에서 잘 작동하도록 헌신하고 있지만, 위스테이 별내에 위기가 찾아온다면, 사회적경제인들은 사회적경제와 공동체의 방법으로 현명하게 위기를 이겨낼 것이다.

어떤 도시를 다음 세대에게 유산으로 물려주어야 할까. 우리의 앞선 세대는 풍요로운 도시를 물려주기 위해 일생을 헌신했다. 이제 우리는 그 토대 위에 이웃에 대한 '사랑'을 얹어야 한다. 서로를 배제하고 혐오하지 않는 도시의 건설은 언제든지 사회적 약자가 될 수 있는 우리의 자녀와 다음 세대를 위한 최소한의 안전망이다. 그동안 우리가 살아온 세상은 사회주택 실험을 비웃었다. 그럼에도 불구하고 우리는 위스테이로부터 배우고 또 다른 실험에 나서야 한다. 실패할 수도, 성공할 수도 있지만, 그로부터 한 가지라도 더 배워 나간다면, 언젠가는 종착지에 다다를 것이다.

내 아이가 학업을 마치고 평생 살기 위해 아빠의 도시로 돌아오면 좋겠다. 아이가 돌아온 아빠의 도시는 사람이 사람을 배제하고 혐오하지 않는 도시였으면 한다. 그런 도시를 위해 아주 작지만 귀한 노력을 한 아빠의 삶이 자녀의 마음에 새겨진다면, 우리의 도시는 다시 살아날 것이다.

그래서 소셜 믹스는 절대 포기할 수 없다.

여정의 끝에서

이 책에는 제 유년 시절과 유학 시절 이야기가 함께 흐릅니다.

단순히 추억을 공유하거나 유학했다는 자랑을 늘어놓기 위해 넣은 것이 절대 아닙니다. 한 인간으로서 저의 성장 과정과 학자로서의 성장 과정을 함께 나눔으로써 독자 여러분께 이 책의 정체성을 알리기 위함입니다. 이 책은 지식의 자랑이나 향연도 아닙니다. 지식을 자랑하기에 저의 공부는 한참 부족하거든요.

이 책은 여전히 여행 중인 젊은 도시학자가 여행 중에 만난 공간과 공동체를 함께 공부하자고 독자 여러분에게 청하고, 마음이 맞고 뜻이 통하는 '동지'를 찾기 위하여 기획되었습니다.

우리는 이제 정해야 합니다. '다음 세대'에게 무엇을 물려줄 것인지 말이죠. 쓰레기가 되어버린 돌덩이와 쇳덩이를 물려줄 것인지, '같이의 가치'를 물려줄 것인지 택해야 하는 시점에 이르렀습니다.

자식에게 물려줄 번듯한 집보다 공동체와 더불어 가치 있게 사는 법을 알려주는 것을 더 중요하게 생각하는 사람이 많아지면 좋겠습니다. 중간역에 잠시 내려 쉼표를 찍는 이 시점에서 이 책에 부여하는 역할이 있다면 비슷한 생각을 공유하는 '동지'를 구하는 것입니다. 여러분과 먼 훗날 언젠가 가치를 만들고자 애썼던 우리의 삶을 함께 회고할 수 있었으면 합니다.

담지 못한 이야기

이 책에 소개된 모든 국내 사례는 제가 직접 찾아가서 사진을 찍고 공부한 곳입니다.

사실 저의 하드디스크 드라이브에는 이 책에서 소개한 사례보다 세 배는 많은 사례가 저장되어 있습니다. 사례를 책에 다 담지 못한 이유는 크게 두 가지입니다.

먼저 사례의 중복으로 인해 어쩔 수 없이 뺄 수밖에 없는 경우입니다. 대표적으로 전주 팔복예술공장과 제주의 아라리오 뮤지엄 등을 예로 들 수 있겠네요.

아쉬운 마음에 제가 찍은 사진 한 장씩 남깁니다. 모두 산업의 전환으로 구도심이 황폐해지면서 문을 닫은 공간을 훌륭하게 재생한 사례입니다.

팔복예술공장은 아주 오래된 산업 단지 내에 있는 건물로 과거에는 카세트테이프를 생산하던 공장이었다. 산업의 변화로 인해 길지 않은 삶을 마감했고, 지금은 예술가를 위한 전시 공간으로 새로운 삶을 살고 있다.

도시, 다시 살다

제주 산지천 언저리에는 아라리오 뮤지엄이 있다. 사진의 빨간색 건물은 동문모텔 I 인데 지금은 박물관으로 활용되고 있다. 이곳에서 멀지 않은 곳에 동문모텔 II가 있다. 동문모텔 II도 아라리오 뮤지엄을 구성하는 건물 중 하나이다.
아라리오 뮤지엄은 총 4개의 건물로 구성되는데 인 스페이스(in space)라는 이름의 건물은 서울에, 탑동시네마, 동문모텔 I, 동문모텔 II 등은 제주에 있다.

다른 이유는 이 책의 내용상 포함되기 어려워 아쉽게 뺄 수밖에 없었던 경우입니다. 반환 미군기지인 인천시 부평의 캠프마켓과 경기도 광명동굴이 대표적이겠네요.

두 사례 모두 대규모의 오염 발생 부지로서 도시의 회복을 위해 많은 고민거리를 던지고 상상력을 자극하는 공간입니다. 하지만 이 책은 환경 정의에 초점을 맞추기 위해 장점 마을을 중심으로 오염 부지 문제를 기술했고, 공간 부분에서는 기피 시설로서 환경기초시설의 활용 방안을 다루느라 안타깝지만 빠질 수밖에 없었죠. 역시 사진으로 보여드립니다.

미군 공여지는 도시 안에 있는 경우가 많다. 군사적인 이유 또는 문화적인 이유일 수 있지만, 누구도 정확히 밝히고 있지 않다. 폐쇄된 부대 건물 뒤로 아파트가 보인다. 76년 만에 폐쇄된 인천 부평의 캠프마켓은 2028년까지 완전 공원화를 목표로 하고 있다.

광명동굴은 광명시 가학동 가학산에 있는 동굴이다. 이곳은 자연 동굴이 아니라 금을 캐내던 금광이었다.(예전에는 '시흥광산'으로 불렸다.)

광명동굴에 관한 최초의 기록은 1903년으로 거슬러 올라간다. 이 금광은 1912년 일제가 광업권을 독점하여 본격적으로 개발과 수탈에 나서면서 한국사에 등장했다. 광명동굴은 금광과 은광 개발에 혈안이던 일제에 의한 수탈과 강제 징용, 노역의 현장으로 아픔을 간직한 공간이다.

이런 장소가 지금은 정말 유명한 관광지가 되었다. 방문 당시에는 판타지 영화 '반지의 제왕'에 등장하는 용과 골룸 모형이 설치되어 있어 훌륭한 포토존 역할을 하고 있었다. 동굴 안에서 볼 수 있는 레이저 쇼와 와인바 등도 인상적이었다.

도시, 다시 살다

도시가 다시 살고,
그 도시에 우리가 다시 산다

　책의 제목은 《도시, 다시 살다》로 최종 결정되었습니다. 제가 브런치에 올린 이야기들은 '도시, 살다'라는 제목으로 엮였었는데, 그 제목에 '다시'가 붙어 《도시, 다시 살다》가 되었습니다. 다시 살아난 도시에, 사람들이 다시 와 살았으면 좋겠다는 마음을 담았습니다.

　도시가 평범한 사람들의 이야기와 꿈이 존중받고 잘 보존되는 곳이었으면 좋겠습니다. 도시가 물질적인 풍요보다 정신적인 가치에 목말라하는 사람들이 행복을 누리며 사는 장소가 되면 좋겠습니다.

　짧지 않은 여정에 함께해주셔서 감사합니다.

| 감사의 말 |

'도시 재생'을 주제로 글을 쓴 지 벌써 6년이 흘렀습니다. 1화인 부산 감천문화마을에서 출발한 저의 여정은 24화인 강릉 월화거리에서 일단은 멈췄습니다. 중간역에 잠시 멈춰 숨을 돌리며 24편의 이야기 중 몇 편을 책으로 엮어 세상에 내놓습니다.

돌이켜 보니 고마운 분들이 너무 많습니다. 가장 먼저 감사의 말을 전하고 싶은 분들은 제가 방문한 곳에서 저에게 현지의 상황을 생생하게 들려준 분들입니다. 인터뷰 형식을 취한 경우도 있고, 가볍게 대화를 나눈 경우도 있지만, 이 분들로 인해 이야기가 더욱 풍부해졌습니다.

출판을 결정해주신 가나출판사에도 특별한 감사의 말을 전합니다. 원고의 기획부터 완성까지 지속해서 동기부여를 해주시고, 사명감과 책임감으로 끝까지 함께 해주신 출판사와 에디터님 덕분에 책이 세상에 나올 수 있었습니다.

이 책을 원문으로 읽지는 못하시겠지만, 제 학문의 여정에서 많은 영감을 준 미국 오하이오 클리블랜드 주립대학의 로버트 사이먼스 교수님(Prof. Dr. Robert A. Simons)에게 감사의 말을 전합니다. 무심한 듯 툭툭 던지는 말 속에서 깊은 진리를 깨달은 적이 한두 번이 아닙니다. 책상머리에 앉아 얌전히 공부하던 먼 나라의 학생을 현장을 소중하게 생각하는 학자로 성장시킨 사람이 바로 교수님이셨습니다. 지금의 저를 있게 한 것이지요. 정말 고맙습니다.

원고가 완성될 때마다 새로운 아이디어를 제시하고 교정까지 도움을 준, 제자 이은혜에게도 감사를 드립니다. 거의 모든 이야기마다 은혜 학생의 손길이 묻어 있습니다. 막 시작한 직장 생활을 응원합니다. 은혜 학생과 더불어 교정에 수고해 준 중앙대학교 대학원의 최은호 선생에게도 감사드립니다. 박사과정다운 날카로운 평으로 몇몇 이야기의 흐름을 다시 잡는 데 큰 도움이 되었습니다. 정말 고맙습니다.

마지막으로 가족에게 사랑과 애틋함을 담아 감사의 말을 전하고 싶습니다. 가고 싶은 여행지마저 포기하고 제가 원하는 작은 도시를 찾는 길에 기꺼이 따라나서고, 함께 외출하고 싶은 주말마저도 키보드 치는 소리를 인내로 참아준 덕분에 이 책 마지막 장의 마지막 마침표를 찍을 수 있었습니다. 미안하고, 사랑합니다.

도시, 다시 살다

초판 1쇄 발행 2021년 11월 15일

지은이 최유진

펴낸이 김남전
편집장 유다형 | 기획·책임편집 박혜연 | 디자인 정란
마케팅 정상원 한웅 정용민 김건우 | 경영관리 임종열

펴낸곳 ㈜가나문화콘텐츠 | 출판 등록 2002년 2월 15일 제10-2308호
주소 경기도 고양시 덕양구 호원길 3-2
전화 02-717-5494(편집부) 02-332-7755(관리부) | 팩스 02-324-9944
홈페이지 ganapub.com | 포스트 post.naver.com/ganapub1
페이스북 facebook.com/ganapub1 | 인스타그램 instagram.com/ganapub1

ISBN 979-11-6809-006-4 (03330)

가나출판사는 당신의 소중한 투고 원고를 기다립니다. 책 출간에 대한 기획이나 원고가 있으신 분은
이메일 ganapub@naver.com으로 보내 주세요.